HOMMA

AUX JEUNES

CATHOLIQUES-LIBÉRAUX

PAR

Mᴳᴿ DE SÉGUR

NOUVELLE ÉDITION, CONSIDÉRABLEMENT AUGMENTÉE

PARIS

LIBRAIRIE DE PROPAGANDE

HATON, ÉDITEUR

33, RUE BONAPARTE, 33

HOMMAGE

AUX JEUNES

CATHOLIQUES-LIBÉRAUX

PAR

MGR DE SÉGUR

ONZIÈME ÉDITION CONSIDÉRABLEMENT AUGMENTÉE

PARIS

LIBRAIRIE DE PROPAGANDE

HATON, ÉDITEUR

33, RUE BONAPARTE, **33**

1875

N. T.-S. P. le Pape Pie IX, aux pieds duquel j'avais déposé un des premiers exemplaires de cet opuscule, a daigné l'agréer et m'a fait répondre, par son Secrétaire des Lettres Latines, Son Excellence Révérendissime Monseigneur Nocella, quelques paroles de félicitation.

Voici la partie de cette lettre qui concerne l'*Hommage aux jeunes catholiques-libéraux* :

«... *Devant les incessants témoignages du zèle qui vous distingue dans la défense de la vérité et de la Religion, Notre Très-Saint Seigneur le Pape Pie IX a pensé qu'il y avait lieu de vous envoyer une fois de plus ses félicitations. Sa Sainteté, en effet, a reçu votre opuscule intitulé* : Hommage aux jeunes catholiques-libéraux ; *et le Saint-Père a vu par votre lettre que, dans ce nouvel écrit, mettant sous les yeux de vos lecteurs les Lettres Apostoliques, écrites par Sa Sainteté pour prémunir les fidèles contre les principes catholiques-libéraux et contre leurs fauteurs, vous vous êtes soigneusement appliqué à*

« Cum egregius tuus zelus erga causam veritatis et Religionis constantibus experimentis eniteat, novis etiam apud te suæ gratulationis significationibus Sanctissimus Dominus Pius IX locum esse putavit. Excepit enim opusculum a te elucubratum sub titulo — *Hommage aux jeunes catholiques-libéraux* — agnovitque ex tuis litteris, te in hoc scripto, propositis epistolis, quas Sanctitas Sua ad Fideles præmuniendos contra catholico-liberalia principia eorumque fautores dedit, accurate studuisse,

3

donner sur ce sujet aux jeunes gens de précieux avis, capables de les préserver fort heureusement de ce mal perfide.

« Le Très-Saint Père a grandement loué votre zèle à cet égard. En attendant qu'Elle puisse lire et goûter votre travail, Sa Sainteté est persuadée que si, par d'autres excellents écrits, vous avez eu déjà le bonheur de faire du bien à vos concitoyens, vous avez acquis par celui-ci un nouveau mérite devant DIEU, et une fois de plus vous aurez été sérieusement utile à vos lecteurs.

« Rome, le 1er avril 1874. »

ut opportuna in hac re monita juventuti præberes, quo sa insidiosum hoc malum feliciter vitare possit. Valde probavit Sanctissimus Pater studium hoc tuum, ac dum sperat hujus tuæ lucubrationis lectione frui posse, persuasum habet, te qui aliis utilibus scriptis tuorum civium bono consuluisti, in hoc etiam novum tibi apud DEUM meritum novamque ac solidam utilitatem legentibus comparasse. . . . .
. . . .

« Romæ, die 1ª aprilis an. 1874. »

HOMMAGE

AUX JEUNES

CATHOLIQUES-LIBÉRAUX

Aux jeunes gens.

Mes amis, permettez-moi de vous faire hommage de ce petit écrit, qui n'est au fond qu'un appel à votre foi et à votre bonne foi. Il renferme des choses très-importantes, et que la plupart d'entre vous ne connaissent assurément pas, ou du moins qu'ils ont parfaitement oubliées.

Vous avez le bonheur d'être catholiques. Un catholique, vous le savez, c'est un enfant de l'Église de Jésus-Christ, qui croit d'une ferme foi tout ce que Dieu lui enseigne par la bouche du Chef de l'Église, lequel ne peut se tromper, du moment qu'il parle et enseigne officiellement. Pour un catholique,

5

écouter le Pape, c'est écouter Jésus-Christ, c'est entendre Dieu.

Or, voici que tout récemment, au sujet d'une question qui intéresse vivement tout le monde, mais plus particulièrement encore la jeunesse catholique, le Pape vient de parler à plusieurs reprises, de parler officiellement, de parler directement aux jeunes gens. Cette question, brûlante s'il en fut, c'est *le catholicisme libéral*, ou, si on l'aime mieux, *le libéralisme catholique*, c'est-à-dire le libéralisme accepté, professé par des catholiques.

Et qu'en dit le Pape? Certes, la chose vaut la peine qu'on y fasse attention. Écoutez donc, mes amis; écoutons tous. Celui qui parle, c'est le Vicaire de Dieu, c'est le Docteur suprême de l'Église. S'il ne *définit* point encore, il enseigne, il enseigne officiellement.

I.

Mais avant de mettre sous vos yeux les Actes Pontificaux que je viens de dire, laissez-moi vous rappeler une parole qui n'a pas sans doute le même caractère officiel, mais dont l'importance, j'ose le dire, n'est pas moindre aux yeux d'un chrétien. Je veux parler de la solennelle Allocution adressée par le Souverain-Pontife à la

grande députation des catholiques de
France, au Vatican, au mois de juin 1871.

A l'occasion du vingt-cinquième anniver-
saire du Pontificat de Pie IX, cette députation venait de présenter à Sa Sainteté ses
vœux et ses hommages. Mgr Forcade, alors
Évêque de Nevers, avait lu une adresse qui
portait plus de deux millions de signatures.
Après avoir félicité la députation, après lui
avoir dit combien il avait toujours aimé la
France, le Chef de l'Église a ajouté :

« Mes chers enfants, il faut que mes paroles vous disent bien ce que j'ai dans mon
cœur. Ce qui afflige votre pays et l'empêche
de mériter les bénédictions de DIEU, c'est
ce mélange des principes. Je dirai le mot,
et je ne le tairai pas : ce que je crains, ce
ne sont pas tous ces misérables de la Commune de Paris, vrais démons de l'enfer qui
se promènent sur la terre. Non, ce n'est
pas cela; ce que je crains, c'est cette malheureuse politique, *ce libéralisme catholique*
qui est le véritable fléau. Je l'ai dit plus de
quarante fois; je vous le répète, à cause de
l'amour que je vous porte. Oui, c'est ce jeu...
Comment dit-on en français? nous l'appelons en italien *altalena*... Oui, justement, ce
jeu de bascule qui détruirait la Religion. Il

faut sans doute pratiquer la charité, faire ce qui est possible pour ramener ceux qui sont égarés : mais pour cela il n'est pas besoin de partager leurs opinions. »

Voici donc déjà un point bien avéré : le Vicaire de Jésus-Christ, le Docteur suprême de la foi, regarde *le libéralisme catholique* comme le véritable fléau de notre siècle et plus spécialement de notre pauvre patrie.

Et, notez-le, mes bien chers amis : ce n'est pas du libéralisme des politiques sans religion qu'il est ici question, c'est directement et uniquement des libéraux *catholiques*, c'est-à-dire de ces chrétiens, de ces bons jeunes gens qui ont la foi, qui prient, qui se confessent, qui communient, qui s'occupent de bonnes œuvres, qui sont souvent fort gens de bien. Il s'agit du libéralisme des doctrines, des livres, des journaux, des revues de tels personnages plus ou moins éminents, qu'il n'est pas besoin de nommer, mais qui se sont fait auprès de vous une réputation d'esprits éclairés et indépendants, que la foule applaudit et que les jeunes gens en particulier admirent et suivent comme leurs chefs de file, plus ou moins infaillibles.

De grâce, qu'aucun catholique, que pas un d'entre vous ne se fasse illusion; que personne ne ferme les yeux à la lumière, ni les oreilles à la parole du Docteur de la vérité.

« Mais, direz-vous peut-être, ce n'est là qu'une simple Allocution, une parole improvisée; cela n'a pas le caractère d'un enseignement proprement dit. » — Sans doute; mais, outre que cette parole solennelle du Souverain-Pontife a une portée sur laquelle il n'est pas besoin d'insister autrement, elle sert comme de préliminaire, comme de préface à la parole *officielle* que le Saint-Père a fait entendre, coup sur coup, à la jeunesse catholique, plus spécialement menacée par le susdit « fléau ».

Et d'abord, écoutez ce que le Pape a dit du libéralisme à la jeunesse catholique d'Italie.

II.

Bref de N. T. S. P. le Pape PIE IX au Cercle de la jeunesse catholique de Milan.

Le 6 mars 1873, le Très-Saint Père a donc élevé de nouveau la voix, et cette fois le Souverain-Pontife ne se borne plus à signaler le danger comme en passant et dans une simple Allocution Pontificale; c'est par un Bref Apostolique *ad hoc*, par un Acte officiel, qu'il flétrit le même libéralisme catholique.

Ce Bref important est adressé au Cercle de Saint-Ambroise, à Milan, qui réunit toute la jeunesse chrétienne de cette grande ville. Le Pape insiste avec une force nouvelle sur les condamnations déjà portées contre les catholiques-libéraux. Nous le citons en entier. Chaque parole porte coup.

« *A Nos chers fils le président et les associés du Cercle de Saint-Ambroise à Milan.*

« PIE IX, Pape.

« Chers fils, Salut et Bénédiction Apostolique.

« Au milieu de ces temps si douloureux pour l'Église, c'est assurément un grand adoucissement à Notre douleur que le zèle

II

Dilectis Filiis Præsidi et Sodalibus Circuli Sancti Ambrosii Mediolanum.

PIUS PP. IX.

DILECTI FILII
SALUTEM ET APOSTOLICAM BENEDICTIONEM.

Per tristissima hæc Ecclesiæ tempora allevat certe dolorem Nostrum catholicorum zelus, qui proprie reli-

de ces catholiques qui, voyant les persécu-
tions auxquelles leur religion est en butte
et les périls qui menacent leurs frères, s'as-
socient afin de professer plus ouvertement
leur foi, s'appliquent avec plus d'ardeur à
retirer leurs frères du danger, se dévouent
avec plus de zèle aux œuvres de miséricorde
et mettent leur gloire principale à se mon-
trer plus étroitement rattachés à Nous et
plus humblement soumis aux enseignements
de cette Chaire de vérité et de ce centre de
l'unité catholique.

« Cette attitude, en effet, est le signe auquel on reconnaît d'une façon indubitable
les vrais enfants de l'Église. C'est elle qui
constitue cette force inexpugnable de l'u-
nité qui seule peut s'opposer victorieuse-
ment à la fureur, aux ruses et à l'audace de

gionis insectatione et proximorum periculo commoti
simul coeunt ut apertius propriam fidem profiteantur,
impensius incumbunt retrahendis fratribus a periculo,
studiosius se devovent misericordiæ operibus, ac in eo
præsertim gloriam suam ponunt, ut se Nobis addictissi-
mos præbeant obsequentissimosque documentis huius
cathedræ veritatis ac unitatis catholicæ centri. Observar-
tia enim hæc indubia est tessera filiorum Ecclesiæ; et
ipsa constituit inexpugnabilem vim illam unitatis, quæ
sola retundere potest osorum illius furorem, dolum,
audaciam. Et sane : qui indolem consideret conflati ad-

ses ennemis. Et c'est juste. Car, à quiconque considère le caractère de la guerre soulevée contre l'Église, il apparaîtra clairement que toutes les machinations de l'ennemi visent à détruire la constitution de l'Église et à briser les liens qui unissent les peuples aux Évêques et les Évêques au Vicaire de JÉSUS-CHRIST. Quant au Pape, ils l'ont dépouillé de son domaine temporel afin que, le soumettant à une puissance étrangère, il fût privé de la liberté qui lui est nécessaire pour gouverner la famille catholique. Et c'est pour cela qu'ils s'attaquent surtout à lui afin que, le Pasteur étant frappé, les brebis soient dispersées.

« Cependant, et bien que les enfants du siècle soient plus habiles que les enfants de la lumière, leurs ruses et leurs violences auraient sans doute moins de succès si un

---

versus Ecclesiam belli, facile intelligit, omnes hostium machinationes eo spectare, ut deleant illius constitutionem et vincula frangant, quæ populos Episcopis, Episcopos devinciunt Christi Vicario; hunc autem ideo ditione sua spoliatum fuisse, ut alienæ subditus potestati necessaria regendæ catholicæ familiæ libertate privaretur; et ideo præ ceteris impeti, ut, percusso Pastore, dispergantur oves.

Sed quamquam filii sæculi prudentiores sint filiis lucis, eorum tamen fraudes et violentia minus fortasse

grand nombre parmi ceux qui portent le
nom de catholiques, ne leur tendaient une
main amie. Oui, hélas! il y en a qui ont
l'air de vouloir marcher d'accord avec nos
ennemis, et s'efforcent d'établir une alliance
entre la lumière et les ténèbres, un accord entre la justice et l'iniquité au moyen
de ces doctrines qu'on appelle *catholiques-
libérales,* lesquelles, s'appuyant sur les
principes les plus pernicieux, flattent le pouvoir laïque quand il envahit les choses spirituelles, et poussent les esprits au respect,
ou tout au moins à la tolérance des lois les
plus iniques, absolument comme s'il n'était
pas écrit que *personne ne peut servir deux
maîtres.*

« Or, ceux-ci sont plus dangereux assurément et plus funestes que des ennemis dé-

---

proficerent, nisi multi, qui catholicorum nomine cen-
sentur, amicam eis manum porrigerent. Non desunt
enim, qui, veluti jugum cum illis ducturi, societatem
nectere conantur inter lucem et tenebras ac participatio-
nem inter justitiam et iniquitatem per doctrinas, quas
dicunt *catholico-liberales,* quæque perniciosissimis
fretæ principiis, laicæ potestati spiritualia invadenti
blandiuntur, animosque in obsequium, aut saltem to-
lerantiam iniquissimarum legum perinde inclinant, ac si
scriptum non esset : *Nemo potest duobus dominis ser-
vire.* Hi vero periculosiores omnino sunt et exitiosiores

clarés, et parce qu'ils secondent leurs efforts
sans être remarqués, peut-être même sans
s'en douter, et parce que, se maintenant sur
l'extrême limite des opinions formellement
condamnées, ils se donnent une certaine
apparence d'intégrité et de doctrine irréprochable, alléchant ainsi les imprudents amateurs de conciliation et trompant les gens
honnêtes, lesquels se révolteraient contre
une erreur déclarée. De la sorte, ils divisent les esprits, déchirent l'unité et affaiblissent les forces qu'il faudrait réunir pour
les tourner toutes ensemble contre l'ennemi.

« Toutefois vous pourrez facilement éviter
leurs embûches, si vous avez devant les yeux
cet avis divin : « *C'est par leurs fruits que
vous les connaîtrez* » : si vous observez qu'ils

---

apertis hostibus, tum quia inobservati, et fortasse etiam
nec opinantes, illorum conatibus obsecundant ; tum quia
intra certos improbatarum opinionum limites consis-
tentes, speciem quamdam probitatis et inculpabilis doctrinæ præferunt, quæ imprudentes alliciat conciliationis
amatores, et decipiat honestos, qui apertum adversa-
rentur errorem ; atque ita dissociant animos, unitatem
discerpunt. viresque coniunctim opponendas adversariis
infirmant, Eorum tamen insidias facile vos vitare poteri-
tis, si præ oculis habeatis divinum monitum : *Ex fruc-
tibus eorum cognoscetis eos ;* si animadvertatis ipsos

affichent leur dépit contre tout ce qui marque une obéissance prompte, entière, absolue aux décrets et aux avertissements de
ce Saint-Siége; qu'ils n'en parlent que dédaigneusement en l'appelant « Cour romaine »; qu'ils accusent tous ses actes d'être
imprudents ou inopportuns; qu'ils affectent
d'appliquer le nom d'ultramontains et de
jésuites aux fils de l'Église les plus zélés et
les plus obéissants; enfin que, pétris d'orgueil, ils s'estiment plus sages que l'Église,
à qui a été faite la promesse d'une assistance
divine spéciale et éternelle.

« Pour vous, chers fils, souvenez-vous que,
sur la terre, le Pontife Romain tient la place
de Dieu, et que dès lors, en tout ce qui concerne la foi, la morale et le gouvernement

---

stomachari quidquid paratam, plenam, absolutamque
devotionem sapit placitis ac monitis huius Sanctæ
Sedis; vix aliter de ipsa loqui quam de romana Curia;
imprudentiæ passim vel inopportunitatis insimulare
eius acta; ultramontanorum aut jesuitarum appellatio-
nem affingere studiosioribus et obsequentioribus ejus
filiis; inflatosque superbiæ vento prudentiores se illa
censere, cui peculiare et perenne promissum fuit divinum auxilium.

Vos itaque, Dilecti Filii, memineritis, ad romanum
quoque Pontificem, qui divina vice fungitur in terris,
pertinere quoad ea quæ fidem, mores, Ecclesiæ regimen

de l'Église, il peut dire avec le Christ : « *Qui-*
« *conque ne recueille pas avec moi, disperse.* »
Faites donc consister toute votre sagesse
dans une obéissance absolue et dans une
libre et constante adhésion à la Chaire de
Pierre. Car, animés ainsi du même esprit
de foi, vous serez tous consommés dans
l'unité des mêmes sentiments et des mêmes
doctrines; vous affermirez cette unité qu'il
faut opposer aux ennemis de l'Église; et
vous rendrez très-agréables à Dieu et très-
utiles au prochain les œuvres de charité que
vous avez entreprises, et vous apporterez
une véritable consolation à Notre âme,
douloureusement affligée des maux qui ac-
cablent l'Église.

« A cette fin, Nous vous souhaitons l'effica-
cité du secours céleste et l'abondance des

---

spectant, illud quod de seipso Christus affirmavit :
Qui mecum non colligit, spargit. Sapientiam idcirco
vestram omnem constituite in absoluto obsequio liben-
tique et constante adhæsione huic Petri Cathedræ ;
nam habentes eumdem spiritum fidei, sic perfecti eri-
tis omnes in eodem sensu et in eadem sententia, sic unitatem illam confirmabitis, quæ Ecclesiæ hostibus est
opponenda, sic charitatis opera, quæ suscepistis, ac-
ceptissima Deo facietis et utilissima proximis, sic af-
flicto ab Ecclesiæ malis animo Nostro verum afferetis
solatium. Efficax cœleste auxilium et copiosa supernæ

dons de la grâce d'en haut. Et comme présage de ces grâces, comme gage de Notre bienveillance paternelle, Nous vous accordons, chers fils, du fond de Notre cœur la Bénédiction Apostolique.

« Donné à Rome, près Saint-Pierre, le 6 mars de l'année 1873, de Notre Pontificat la vingt-septième.

« PIE IX, Pape. »

Je le demande à tout homme de bonne foi : est-il possible de parler plus explicitement ? Et comment, après cela, un chrétien peut-il rester *libéral ?*

Et cependant, cela n'a point suffi. Quelques mois après, le Souverain-Pontife a dû revenir sur le même sujet, et poursuivre en Belgique ce malheureux libéralisme, appuyé, il faut bien le dire, par quantité d'écrivains et de personnages influents, même par des ecclésiastiques, même par des Religieux !

gratiæ munera vobis ad hoc adprecamur, eorumque auspicem et paternæ Nostræ benevolentiæ pignus vobis, Dilecti Filii, Benedictionem Apostolicam peramanter impertimus.

Datum Romæ, apud S. Petrum, die 6 martii 1873, Pontificatus Nostri anno vicesimo septimo.

PIUS PP. IX.

Ce second Bref est du 8 mai de la même
année 1873. Il est adressé à la Fédération
des Cercles catholiques de Belgique.

Nous tenons à le citer également en entier
et nous prions le lecteur de peser religieuse-
ment les graves paroles du Vicaire de Jésus-
Christ.

III.

Bref de N. T. S. P. le Pape PIE IX
adressé à la Fédération
des Cercles catholiques de Belgique.

A Nos chers fils
le sénateur de Cannaert d'Hamale, président,
et les membres de la Fédération
des Cercles catholiques en Belgique.

« Pie IX, Pape.

« Chers fils, Salut et Bénédiction Apostolique.

« Pendant que la situation de l'Église de-

Dilectis Filiis Senatori de Cannaert d'Hamale,
totique Fœderationi Circulorum catholicorum in
Belgio.

PIUS PP. IX.

Dilecti Filii, Salutem et Apostolicam Benedictionem.

Quo durior quotidie fit Ecclesiæ conditio, quo im-

vient chaque jour plus pénible et qu'on voit croître l'impudence avec laquelle on foule aux pieds son autorité, ainsi que l'opiniâtreté avec laquelle on travaille à dissoudre l'unité catholique et à Nous arracher les enfants qui Nous appartiennent, Nous voyons en même temps, chers fils, briller d'un éclat toujours croissant votre foi, votre amour de la Religion et votre dévouement au Siége de saint Pierre. Dans le but, non-seulement de faire échouer ces efforts de l'impiété, mais aussi de Nous attacher les fidèles par des liens constamment plus étroits, vous mettez en commun vos lumières, vos forces et vos ressources. Ce que Nous louons le plus dans cette religieuse entreprise, c'est que vous êtes, dit-on, remplis d'aversion pour les principes *catholiques-libéraux*, que vous tâchez d'effacer des

prudentius proculcatur ejus auctoritas, quo præfractius unitati catholicæ disgregandæ adlaboratur et avellendis a Nobis filiis Nostris, eo quoque luculentius fulget fides vestra, religionis amor, et obsequium in hanc Petri Cathedram, Dilecti Filii, qui consilia, vires, opes vestras conjungitis, non solum ut irritos faciatis impios hosce conatus, sed ut arctiore semper vinculo Nobis obstringatis fideles. Et in hoc quidem religiosissimo cœpto vestro illud maxime commendamus, quod, uti fertur, aversemini prorsus principia

intelligences autant qu'il est en votre pouvoir.

« Ceux qui sont imbus de ces principes
font profession, il est vrai, d'amour et de
respect pour l'Église et semblent consacrer
à sa défense leurs talents et leurs travaux;
mais ils n'en travaillent pas moins à pervertir son esprit et sa doctrine, et chacun
d'eux, suivant la tournure particulière de
son esprit, incline à se mettre au service, ou
de César, ou de ceux qui inventent des
droits en faveur de la fausse liberté. Ils
pensent qu'il faut absolument suivre cette
voie pour enlever la cause des dissensions,
pour concilier avec l'Évangile le progrès de
la société actuelle et pour rétablir l'ordre et
la tranquillité ; comme si la lumière pouvait
coexister avec les ténèbres, et comme si la

catholico-*liberalia* eaque pro viribus e mentibus era-
dere conemini.

Qui enim iis sunt imbuti, licet amorem præferant et
observantiam in Ecclesiam, licet ei tuendæ ingenium
operamque impendere videantur, doctrinam tamen
ejus et sensum pervertere nituntur, et, pro diversa
animorum cujusque comparatione, inclinare in obsequium vel Cæsaris, vel apertorum falsæ libertatis ju-
rium, rati hanc omnino ineundam esse rationem ad
auferendam discordiarum causam, ad conciliandum
cum Evangelio præsentis societatis progressum, ad
ordinem tranquillitatemque restituendam; perinde ac

vérité ne cessait pas d'être la vérité dès
qu'on lui fait violence en la détournant
de sa véritable signification et en la dépouillant de la fixité inhérente à sa nature.

« Cette insidieuse erreur est plus dangereuse qu'une inimitié ouverte, parce qu'elle
se couvre du voile spécieux du zèle et de la
charité ; et c'est assurément en vous effor-
çant de la combattre et en mettant un soin
assidu à en éloigner les simples, que vous
extirperez la racine fatale des discordes et
que vous travaillerez efficacement à produire et à entretenir l'union étroite des
âmes.

« Sans doute, ce n'est pas vous qui avez
besoin de ces avertissements, vous qui adhé-
rez avec un dévouement si absolu à tous les

---

si lux cum tenebris copulari valeret, et veritas natura
sua non privaretur vix ac violenter inflexa nativo rigore
suo exuatur. Profecto si oppugnare nitamini insidiosum hunc errorem eo periculosiorem aperta simulta-
te quo speciosiore zeli caritatisque velo obducitur, et
simplices ab eo retrahere sedulo curetis, funestam ex-
tirpabitis dissidiorum radicem, efficacemque dabitis
operam compingendæ fovendæque animorum conjunc-
tioni.

Hisce profecto monitis vos non indigetis, qui adeo
obsequenter, et absolute adhæretis documentis omni-

enseignements émanés de ce Siège-Apostolique, que vous avez vu condamner à différentes reprises les principes libéraux ; mais le désir même de faciliter vos travaux et d'en rendre les fruits plus abondants Nous a poussé à vous rappeler le souvenir d'un point si important.

« Au reste, continuez à combattre le bon combat que vous avez généreusement commencé, et efforcez-vous chaque jour de mériter de mieux en mieux de l'Église de Dieu, ayant en vue la couronne que Celui-ci vous donnera en récompense. En attendant, Nous vous exprimons hautement toute Notre reconnaissance pour les services que vous rendez, et Nous souhaitons à votre Association des développements toujours nouveaux, avec l'abondance des bénédictions

bus hujus Apostolicæ Sedis, a qua liberalia principia toties reprobata vidistis ; sed ipsum desiderium expeditioris et uberioris proventus laborum vestrorum Nos compulit ad refricandam vobis rei adeo gravis memoriam.

Ceterum bonum certamen susceptum alacriter certare pergite, et quotidie magis bene mereri contendite de Ecclesia Dei, coronam spectantes ab Ipso vobis reddendam. Nos interim officiis vestris gratissimum profitemur animum, novaque semper incrementa et copiosiora munera cœlestia adprecamur societati

célestes. Nous désirons que le présage de ces faveurs soit la Bénédiction Apostolique, que Nous vous accordons avec beaucoup de tendresse, chers fils, comme gage de Notre bienveillance paternelle.

« Donné à Rome, près Saint-Pierre, le 8 mai 1873, en la vingt-septième année de Notre Pontificat.

« PIE IX, Pape. »

Vous le voyez, mes amis : dans ce beau Bref, si grave et tout ensemble si paternel, le Souverain-Pontife félicite les catholiques fidèles, c'est-à-dire les catholiques tout court, et stigmatise de nouveau ceux des catholiques qui se laissent séduire soit par les préjugés de leur éducation soit par le milieu social et politique où ils ont le malheur de vivre.

vestræ : corum autem auspicem esse cupimus Apostolicam Benedictionem, quam paternæ Nostræ benevolentiæ pignus vobis, Dilecti Filii, peramanter impertimur.

Datum Romæ, apud S. Petrum, die 8 maii 1873, Pontificatus Nostri anno vicesimo septimo.

PIUS PP. IX.

IV.

Quelques semaines auparavant, le Pape avait adressé aux catholiques allemands un Bref Apostolique qui présente un caractère dogmatique encore plus explicite, s'il se peut, que ceux qui devaient les suivre.

Ce Bref a été envoyé à l'*Association des catholiques allemands*, en date du 10 février 1873, et il répondait à une Adresse où dominait cette pensée, que désormais les Associations catholiques ne pouvaient plus se désintéresser des questions sociales et politiques. Le programme soumis au Pape était celui-ci : « La défense de la liberté et des droits de l'Église et le triomphe des principes catholiques dans la vie publique par tous les moyens moraux et légaux, et surtout en invoquant les droits que la constitution garantit à tous les citoyens ». On voit dès lors l'importance de la réponse.

Le Bref aux catholiques allemands est le premier de cette mémorable série d'avertissements et d'enseignements qui devaient faire de l'année 1873 une sorte de vivante réprobation du libéralisme catholique. — L'Association des catholiques allemands a son centre à Mayence. Elle compte plusieurs centaines de mille membres, et a déjà eu les honneurs de la persécution, de la part de M. de Bismark.

Voici ce Bref.

« *Au président et à tous les membres de l'Association catholique des Allemands, à Mayence.*

« PIE IX, Pape.

« Bien-aimés fils, Salut et Bénédiction Apostolique.

« Au moment où Nous voyons avec une extrême douleur s'élever presque partout la persécution contre l'Église, Nous ressentons une grande joie de voir que vous, Nos fils bien-aimés, loin d'être abattus et découragés par les assauts de l'ennemi, vous en êtes plutôt affermis. Vous ne vous laissez pas ar-

Dilecto filio nobili viro felici Libero baroni de Loë præsidi, totique societati germano-catholicæ (Moguntiam).

PIUS PP. IX.

Dilecti filii, Salutem et Apostolicam Benedictionem.

Dum insectationem Ecclesiæ ubique ferme invales-cere mœrentissimi cernimus, dilecti filii, perjucundum fuit Nobis, vos non modo non fuisse dejectos aut deficere, sed ab hostili impetu veluti confirmatos, postha-

2

rêter par les obstacles qui se dressent de
toutes parts ; et, bien que l'un de ceux qui,
plus que tous les autres, auraient dû secon-
der votre entreprise, vous ait refusé son appui, vous avez créé une Association catholique qui, s'étendant sur l'Allemagne entière,
pourra opposer à l'attaque de l'ennemi toutes
vos forces réunies.

« Cependant, votre Association ne saurait
en ce moment atteindre son but, qui est de
défendre la doctrine et les droits de l'Église,
ainsi que le libre exercice de ces droits dans
tout le domaine de la vie publique, si vous
ne franchissiez pas l'étroite limite des
choses saintes, pour vous opposer, par tous
les moyens que vous fournit la constitution,
à la domination de l'arbitraire et à cette

---

bitis obstaculis undique obversis, et licet favore ca-
reatis alicuius etiam ex iis, qui cæpto vestro præ ceteris
suffragari deberent, societatem catholicam consti-
tuisse, quæ ad universam protendatur Germaniam, et
unitas valeat opponere vires inimicorum incursui. Propositum tamen societati vestræ præstitutum tuendi
Ecclesiæ doctrinam, jura liberumque eorum exerci-
tium in totius vitæ publicæ usu assequi profecto nequiretis in præsentiarum, nisi arctos sacrarum rerum
limites prætergressi, per eas omnes rationes, quæ vobis
a publicæ rei constitutione conceduntur, præpotenti
quoque libito obsisteretis et iniquis legibus passim in

foule de lois injustes que l'on dirige contre l'Église.

« En effet, quand tous les droits de l'autorité ecclésiastique sont foulés aux pieds, quand la liberté de l'exercice du saint ministère est comprimée, quand on ferme la bouche au sacerdoce, si le peuple catholique, fort de son droit sacré, ne se lève tout entier pour protéger sa religion, il n'y aura plus personne qui soit assez puissant pour résister efficacement, sur le terrain de la légalité, aux adversaires de l'Église et pour la défendre contre l'arbitraire.

« Cette situation par trop lamentable devrait, à elle seule, suffire pour faire évanouir ce rêve détestable, si souvent réprouvé et condamné, d'après lequel le pouvoir civil serait la source de tout droit, et l'Église elle-même, par conséquent, soumise à l'omni-

---

camdem Ecclesiam latis. Et sane dum jura omnia ecclesiasticæ potestatis invaduntur, libertas comprimitur exercitii sacri ministerii, sacerdotii os obstruitur; nisi catholicus populus proprio jure fretus ad tuendam suam religionem exurgat, nemo jam erit qui juxta leges efficaciter oppugnatoribus eius resistere possit ipsamque vindicare ab eorum arbitrio. Teterrima certe hæc rerum conditio satis esse per se deberet ad explodendum nefarium illud commentum, toties rejectum et damnatum, quod omnis juris fontem, in laica auctoritate constituit

potence de l'État. Or, il n'y a pas un chrétien qui ne sache d'abord, que Notre-Seigneur Jésus-Christ, « *à qui tout pouvoir a
été donné au ciel et sur la terre* », a transmis
ce pouvoir à son Église, et cela précisément
pour qu'elle enseignât tous les peuples de
l'univers, sans l'autorisation et même malgré
les oppositions des princes ; et ensuite, qu'il
a condamné, sans en excepter les rois, tous
ceux qui refuseraient d'écouter l'Église et
d'ajouter foi à ses enseignements. Aussi,
avons-Nous appris avec douleur que cette
erreur pernicieuse n'est pas seulement dé-
fendue aujourd'hui par les hommes étran-
gers à l'Église, mais qu'elle est même acceptée par quelques catholiques.

« C'est pourquoi vous qui, au milieu de
la perturbation générale, êtes appelés par
la divine Providence à défendre l'Église et

cujus propterea omnipotentiæ ipsam subjicit Ecclesiam ;
dum christianis omnibus est exploratum, Christum Do-
minum ipsi contulisse potestatem sibi datam in cœlo
et in terra eique idcirco demandasse, ut doceret omnes
gentes, qua late patet orbis, inconsultis plane atque
etiam obnitentibus earum principibus ; atque eos con-
demnasse, regibus non exceptis, qui ipsam audire eique
credere noluissent. Quem quidem exitialem errorem non
a solis hodie propugnari heterodoxis dolentes audímus,
sed a nonnullis quoque recipi e catholicis. Vos itaque,
qui in tanta rerum omnium perturbatione vocamini a

la Religion catholique et à venir ainsi en
aide au clergé opprimé, vous n'outrepassez
nullement votre mission en combattant sous
sa direction dans les premiers rangs de la
mêlée; bien mieux, vous ne faites, en réa-
lité, que rendre au clergé captif un service
qui est un devoir filial.

« Et, dans ce combat vous n'entrez pas en
lice pour votre liberté religieuse seulement
et pour les droits de l'Église, mais encore
pour votre patrie et pour l'humanité tout
entière, lesquelles marchent fatalement à la
dissolution et à la ruine dès qu'on leur retire
la base de l'autorité divine et de la Religion.

« Donc, en rendant grâces au Seigneur
qui, par vous et par tous les autres fidèles
répandus sur la terre, vient au secours de la
sainte Église, son Épouse, si cruellement

divina providentia ad Ecclesiæ catholicæque religionis
tutelam in auxilium oppressi Cleri, partes certe vobis
creditas non exceditis, si, eo duce in prima aciei fronte
pugnetis; imo ipsi compedibus impedito debitum reapse
exhibetis obsequium et filialem opem. Per hanc vero
pugnam non uni religiosæ libertati vestræ prospicitis,
aut solis sacris juribus, sed ipsi patriæ vestræ, ipsi humanæ societati, quæ, sacra auctoritate subducta et religionis fundamento, necessario compellitur ad dissolu-
tionem et exitium. Itaque dum Deo gratias agimus, qui
laboranti et undique impeditæ Sponsæ suæ per vos alios-
que per orbem fideles ita prospicit; societati vestræ

2.

éprouvée et assaillie de toutes parts, Nous
prions de tout Notre cœur pour votre Association ; Nous lui promettons les meilleures
bénédictions du ciel et les dons les plus
précieux de la grâce, afin qu'elle ne s'écarte
pas de la voie droite, qu'elle ne refuse jamais à l'autorité ecclésiastique l'obéissance
qui lui est due, qu'elle ne se laisse pas ef-
frayer par la violence de la lutte et qu'à la
longue elle ne se relâche point de son zèle.

« En attendant, comme gage de la grâce
divine et comme témoignage de Notre paternelle bienveillance, Nous vous accordons
avec amour, à vous et à votre entreprise, la
Bénédiction Apostolique.

« Donné à Rome près Saint-Pierre, le
10 février 1873, en la vingt-septième année
de Notre Pontificat.

« PIE IX, Pape.

toto corde bene precamur, eique valida ominamur auxi-
lia cœlestia et cumulata gratiæ munera, ne vel a recto
tramite deflectat, vel detrectet debitum ecclesiasticæ
auctoritati obsequium, vel acerbitate et diuturnitate
pugnæ territa languescat. Interim vero divini favoris
auspicem et paternæ Nostræ benevolentiæ pignus Apostolicam Benedictionem vobis omnibus et cœpto vestro
peramanter impertimus.

Datum Romæ, apud S. Petrum, die 10 februarii 1873,
Pontificatus nostri anno vicesimo septimo.

PIUS PP. IX.

Ici, le nom de libéralisme catholique n'est pas prononcé, comme dans les autres Brefs ; mais la chose y est en plein, et la doctrine libérale, « acceptée par quelques catholiques, » stigmatisée par le Saint-Siége comme une « erreur pernicieuse, » n'est pas autre chose que le libéralisme catholique. Nous y reviendrons tout à l'heure. Pour le moment, il nous suffit de faire remarquer le caractère universel de ce Bref Apostolique : les enseignements et les directions que le Chef de l'Église y donne aux catholiques d'Allemagne s'adressent, au même titre, aux catholiques du monde entier. Partout où le libéralisme étend ses pernicieuses influences, les vrais enfants de l'Église, non-seulement peuvent, mais doivent *s'unir* pour opposer au mal sous toutes ses formes une résistance à toute épreuve.

V.

Mais voici un document qui nous est plus spécial encore, à nous autres Français. C'est un Bref extraordinairement significatif, que le Souverain-Pontife a cru devoir adresser à Orléans, en réponse à l'adresse du Comité catholique qui venait de se fonder dans cette ville, et qui protestait au Pape de sa fidélité. Il est daté du 9 juin de cette même année 1873, bien qu'il n'ait été publié qu'au bout de dix mois ; il traite encore du catholicisme libéral. Le voici. Inutile de dire pourquoi il présente un intérêt tout particulier ; et comment, à ce titre, il se recommande à l'attention la plus religieuse de mes jeunes lecteurs.

« *A nos chers fils,*
le Vicomte de Morogues, président,
et à tout le Conseil du Comité catholique,
à Orléans.

« Pie IX, Pape.

« Cher et noble fils, Salut et Bénédiction Apostolique.

« Nous nous réjouissons de ce que, vous aussi, vous avez formé un Comité pour combattre l'impiété qui travaille au renversement de tout ordre ; et Nous voyons avec

Dilectis filiis, nobili viro vicecomiti de Morogues, præsidi, totique consilio Societatis catholicæ Aurelianensis, Aureliam.

PIUS PP. IX.

Dilecte fili, nobilis vir, Salutem et Apostolicam Benedictionem.

Gaudemus, dilecti filii, coïvisse et vos in societatem pugnaturos cum impietate moliente cujusvis ordinis subversionem ; et læti videmus fausta suscipiendi cer-

joie que vous avez à cœur de commencer
vos luttes sous d'heureux auspices en de-
mandant le secours et la bénédiction de ce
Siége Apostolique, à qui seul a été promise
une constante victoire sur les puissances des
ténèbres.

« Mais, bien que vous ayez en effet à soutenir la lutte contre l'impiété, cependant
vous avez moins à redouter de ce côté,
peut-être, que de la part d'un groupe ami
composé d'hommes imbus de cette doctrine
équivoque, laquelle, tout en repoussant les
conséquences extrêmes des erreurs, en retient et en nourrit obstinément le premier
germe, et qui, ne voulant pas embrasser la
vérité tout entière, n'osant pas non plus la
rejeter tout entière, s'efforce d'interpréter
les enseignements de l'Église de manière à

taminis auspicia vos quærére in ope ac benedictione hujus Sanctæ Sedis, cni soli promissa fuit perpetua de po-
testatibus tenebrarum victoria.

Verum etsi lucta vobis ineunda sit reapse cum impietate, tamen levius fortasse discrimen ab ea vobis
imminet, quam ab amico fœdere hominum ancipiti illa
doctrina imbutorum, quæ dum ab extremis errorum
consectariis abhorret, prima eorum semina mordicus
retinet ac fovet, quæque dum veritatem nec totam am-
plecti vult, nec totam audet rejicere, sic ea quæ Ecclesia

les faire concorder à peu près avec ses propres sentiments.

« Car, aujourd'hui encore, il en est qui adhèrent aux vérités récemment définies par un pur effort de volonté, et cela pour éviter l'accusation de schisme et pour abuser leur propre conscience; mais ils n'ont nullement « *déposé cette hauteur qui s'élève con-* « *tre la science de* DIEU, *ni réduit leur intel-* « *ligence en captivité sous l'obéissance de* « JÉSUS-CHRIST ».

« Si de telles opinions s'étaient glissées secrètement dans votre esprit et y dominaient, vous n'auriez certainement point à espérer cette fermeté et cette force que peut seule vous apporter une parfaite adhésion à l'esprit et aux doctrines de la Chaire

tradit ac docet interpretari nititur, ut non plane discrepent a propria sententia.

Non desunt enim et hodie, qui mero voluntatis nisu veritatibus recenter definitis adhæserint, vitaturi scilicet schismatis notam ipsamque suam decepturi conscientiam; at minime deposuerint altitudinem extollentem se adversus scientiam DEI, nec in captivitatem redegerint intellectum in obsequium Christi.

Si latenter hujusmodi opiniones menti vestræ subreperint ejusque potirentur, speranda certe vobis non esset illa firmitas et virtus, quæ a perfecta duntaxat adhæsione spiritui et doctrinis hujus Petri cathedræ in

de Pierre.; et pour cette raison, non-seulement vous ne seriez pas en état de soutenir
utilement la lutte que vous entreprenez,
mais vous causeriez peut-être un plus grand
dommage à la cause que vous voulez défendre.

« Soyez donc en garde contre cet ennemi
caché, repoussez ses dangereuses sugges-
tions; et, vous appuyant sur la pierre im-
muable établie par JÉSUS-CHRIST, pleins de
déférence pour votre illustre Pasteur, mar-
chez vaillamment contre les ennemis de
toute autorité divine et humaine. DIEU sou-
tiendra vos forces et vous donnera la victoire;
ce que Nous vous souhaitons de tout Notre
cœur.

« En attendant, comme gage de la faveur
céleste, et en témoignage de Notre patèr-

vos derivari potest ; atque idcirco propositum prælium
non solum utiliter gerere nequiretis, sed graviora fortasse detrimenta induceretis in causam quam tuendam
suscepistis.

Cavete itaque a latente hoc hoste perniciosasque ejus
suppetias rejicite, ac immobili Petræ a Christo constitutæ
insistentes obsequentesque illustris Pastoris vestri nutui,
alacriter incurrite in divinæ atque humanæ auctoritatis
osores. DEUS vobis vires ac victoriam concedet ; quam
toto corde vestris curis ominamur, dum superni favoris
auspicem et paternæ Nostræ benevolentiæ testem, Apos-

nelle bienveillance, Nous vous accordons avec amour, bien-aimés fils, la Bénédiction Apostolique.

« Donné à Rome, près Saint-Pierre, le 9 juin 1873, vingt-septième année de Notre Pontificat.

« PIE IX, Pape. »

Ici encore, si le nom n'est pas prononcé, la chose saute aux yeux, et je serais curieux de savoir de quelles lunettes se servirait un jeune catholique-libéral qui ne verrait pas son parti et les chefs de son parti directement désignés, pour ne pas dire photographiés, dans le Bref d'Orléans.

VI.

Et ce n'est pas tout. Voyant que, dans notre France, malgré ces avertissements redoublés, « beaucoup de catholiques, honnêtes d'ailleurs et pieux » continuaient à être sympathiques aux opinions et aux publications libérales, le Chef de l'Église a voulu nous

tolicam Benedictionem vobis, dilecti filii, peramanter impertimus.

Datum Romæ, apud S. Petrum, die 9 junii, anno 1873, Pontificatus nostri anno vicesimo septimo,

PIUS PP. IX.

parler une fois de plus, et il a saisi la première occasion qui s'est présentée à sa vi-
gilance pastorale.

En réponse à l'Adresse que le vénérable
Évêque de Quimper lui avait transmise au
nom des membres du Cercle catholique de
sa ville épiscopale, Notre Très-Saint Père
le Pape Pie IX renouvelle, avec une énergie
et une netteté qui ne laissent aucune place
à l'équivoque, les sévères condamnations
tant de fois prononcées contre les catholiques-libéraux.

Ce cinquième Bref est daté du 28 juillet,
toujours de la même année 1873.

Bref de N. T.-S. P. le Pape PIE IX, à sa Grandeur Mgr l'Evêque de Quimper.

« Pie IX, Pape.

« Vénérable Frère, Salut et Bénédiction
Apostolique.

« De même, vénérable Frère, que Nous
voyons avec joie se multiplier de toutes

Venerabili Fratri Anselmo Episcopo Corisopitensi.

PIUS PP. IX.

Venerabilis Frater, Salutem et Apostolicam Benedictionem.

Sicuti, Venerabilis Frater, læti conspicimus ubique

3

parts les Associations catholiques, qui sont tout ensemble les indices de la vigueur de la foi et les instruments les plus propres à la réchauffer et à la défendre, de même c'est avec la plus grande satisfaction que Nous avons reçu la lettre des associés qui, sous votre présidence, ont tenu leur première réunion dans votre ville épiscopale. Nous avons parfaitement auguré de ce début, en voyant ces réunions catholiques commencer par une protestation de pleine et humble soumission au Saint-Siége et à son magistère infaillible ; car si leurs membres ne s'écartent réellement, en aucune façon, de sa doctrine ni de ses enseignements, s'ils s'appuient fermement sur ce fondement inébranlable, conduits et soutenus par sa force divine, ils

coalescere catholicas consociationes, quæ et vigoris fidei indicia sunt, et aptissima eidem fovendæ propugnandæque instrumenta ; sic perjucunde excepimus litteras sodalium, qui in ista tua episcopali urbe primum habuerunt, te moderante, suæ societatis conventum. Auspicatum autem duximus hujusmodi exordium, cum viderimus, catholicos cœtus ab iis fuisse inchoatos per significationem plenæ demissæque observantiæ erga sanctam hanc Sedem et infallibile magisterium ejus : nam si ipsi revera a doctrina et documentis ejus nullo modo deflectant firmiterque ipsius soliditate nitantur, divina ducti et sustentati virtute ejusdem efficacem

travailleront à coup sûr efficacement et très-
utilement à la cause sacrée de la Religion. Ils
ne seront certes pas détournés de cette obéissance par les écrits et les efforts des ennemis
de l'Église et de ce Siége de Pierre, puisque c'est précisément contre eux qu'ils ont
engagé la lutte; mais ils pourraient trouver
une voie glissante vers l'erreur dans ces opinions soi-disant libérales qui sont accueillies
par beaucoup de catholiques, honnêtes
d'ailleurs et pieux, dont, par conséquent, la
religion et l'autorité peuvent très-facilement attirer à eux les esprits et les incliner vers des opinions très-pernicieuses.
Avertissez donc, vénérable Frère, les membres de l'Association catholique que, dans
les nombreuses occasions où Nous avons
repris les sectateurs des opinions libérales,

profecto et utilissimam operam impendent religiosæ
rei. Ab hoc certe obsequio ipsi non abducentur a scriptis et opera insectatorum Ecclesiæ et hujus Petri Cathedræ, quos imo oppugnare aggrediuntur; sed lubricam
errandi viam parare iis possent opiniones quas dicunt
liberales a multis receptæ catholicis, probis cætero-
quin ac piis, quorum idcirco religio et auctoritas animos ad se facillime trahere potest et in perniciosissi-
mas inclinare sententias. Moneto itaque, Venerabilis
Frater, Catholicæ Societatis sodales, Nos dum sæpe
liberalium opinionum sectatores redarguimus, non de

Nous n'avons pas eu en vue ceux qui haïssent l'Église et qu'il eût été inutile de désigner; mais bien ceux que Nous venons de
signaler, lesquels, conservant et entretenant
le virus caché des principes libéraux qu'ils
ont sucé avec le lait, sous prétexte qu'il n'est
pas infecté d'une malice manifeste et n'est
pas, suivant eux, nuisible à la Religion, l'i-
noculent aisément aux esprits et propagent ainsi les semences de ces révolutions
dont le monde est depuis longtemps
ébranlé.

« Si les associés ont soin d'éviter ces embûches et s'appliquent à diriger leurs principales forces contre cet insidieux ennemi,
ils mériteront certainement très-bien de la
Religion et de la patrie. Et ils atteindront
tout à fait ce but si, comme ils en ont pris

Ecclesiæ osoribus egisse, quos supervacaneum fuisset
indicare; sed de modo designatis, qui latens liberalium
principiorum virus cum lacte haustum retinentes ac
defendentes, utpote patente non fœdatum malitia et
religiosis rebus, uti censent, innoxium; illud facile
mentibus ingerunt, atque ita semina propagant earum
perturbationum, quibus jamdiu quatitur orbis. Insidias hasce si vitare curent sodales, et præcipuas vires
suas in insidiosum hunc hostem convertere nitantur,
optime certe merebunt de religione et patria. Id vero
omnino assequentur, si, uti decreverunt, non alio se

la résolution, ils ne se laissent entraîner par aucun autre vent de doctrine que par celui qui souffle de cette Chaire de vérité. Nous présageons à leur entreprise un heureux succès, et, en attendant, comme témoignage de la faveur divine, et comme gage de Notre particulière bienveillance, Nous accordons de tout cœur la Bénédiction Apostolique à vous, vénérable Frère, à tous les membres de l'Association catholique et à tout votre diocèse.

« Donné à Rome, près Saint-Pierre, le 28 juillet de l'année 1873, de Notre Pontificat la vingt-huitième.

« PIE IX, Pape. »

Ce Bref, et celui qui le précède, adressés tous deux aux catholiques de France, ont un

---

doctrinæ vento impelli sinant, quam ab eo qui spirat ab hac cathedra veritatis. Nos faustum eorum proposito successum ominamur ; atque interim superni favoris auspicem et præcipuæ Nostræ benevolentiæ pignus Apostolicam Benedictionem tibi, Venerabilis Frater, totique Catholicæ Societati et universæ diœcesi tuæ peramanter impertimur.

Datum Romæ apud S. Petrum die 28 julii, anno 1873, Pontificatus Nostri anno vigesimo octavo.

PIUS PP. IX.

cachet tout spécial, qui répond à la maladie spéciale de nos jeunes catholiques-libéraux, laquelle consiste à faire du libéralisme des questions de personnes bien plutôt que des questions de doctrines. Rien n'échappe à la sollicitude du Gardien suprême de la foi, du Père et du Docteur des chrétiens.

Donc, cinq Brefs Apostoliques, cinq Actes officiels du Saint-Siége, qui, en moins de six mois, poursuivent, stigmatisent, réprouvent avec une énergie croissante, et les doctrines et les agissements du catholicisme libéral : Bref du 10 février, aux catholiques d'Allemagne ; Bref du 6 mars, à la jeunesse catholique d'Italie ; Bref du 7 mai, aux Cercles catholiques de Belgique ; Bref du 9 juin, au Comité catholique d'Orléans ; enfin, Bref du 28 juillet, au Cercle catholique de Quimper, ou, pour mieux dire, à toute la jeunesse catholique de France.

A un esprit droit, à une conscience honnête, que faut-il de plus ? « *Qui habet aures audiendi audiat !* »

VII.

Devant ces manifestations solennelles et répétées de la volonté du Saint-Siége au sujet de la grande erreur du dix-neuvième siècle, un certain nombre de catholiques belges, pleins de foi et de courage, ont résolu de faire une guerre à mort au catholicisme libéral; et, pour la France non moins que pour la Belgique, ils ont fondé à Bruxelles un journal spécial, intitulé, « La Croix, » dans le double but de combattre, sous les étendards de saint Pierre, les blasphèmes révolutionnaires et les erreurs libérales.

Ayant exposé leur dessein au Souverain-Pontife et déposé à ses pieds les douze premiers numéros de leur journal, ces hommes de foi ont eu le bonheur de recevoir de Sa Sainteté un Bref, que nous rapportons ici comme couronnement et confirmation de cet ensemble véritablement écrasant d'Actes Apostoliques.

Voici les paroles du Saint-Père. Elles contiennent une définition précieuse du libéralisme catholique, lequel, dit le Pape, est la conciliation chimérique de la vérité avec l'erreur.

A Nos chers fils,
les rédacteurs du journal intitulé La Croix,
à Bruxelles.

Pie IX, Pape.

A Nos chers fils, Salut et Bénédiction
Apostolique,

« Vous faites justement remarquer, chers
fils, que le renversement de l'ordre religieux et politique est amené, encouragé et
propagé par l'apostasie d'un grand nombre,
par les transactions si fréquentes aujourd'hui
entre la vérité et l'erreur et par la pusillani-
mité de la plupart ; vous faites voir que, pour
repousser l'invasion du désordre, il n'y a pas
d'autre arme à employer que la force de
la vérité, et qu'il faut absolument aller là

Dilectis Filiis Scriptoribus ephemeridis cui titulus
la Croix, *Bruxellas.*

PIUS PP. IX

Dilectis Filiis Salutem et Apostolicam Benedictionem.

Scite observatis, Dilecti Filii, religiosæ civilisque rei
subversionem excitatam esse, promoveri et propagari
a multorum apostasia, a frequentibus hodie transactio-
nibus inter veritatem et errorem ac a plurimorum pusil-
lanimitate ; nec aliam occurrere rationem ad perturbatio-
nis impetum sistendum, quam vim veritatis inde om-

chercher là où le Christ a établi la Chaire
de vérité.

« Aussi, bien que Nous n'ayons pu lire
votre journal, à cause des travaux dont Nous
sommes accablé, c'est néanmoins pour Nous
un devoir de louer le dessein que votre lettre Nous fait connaître, et auquel Nous avons
appris que votre journal répond pleinement,
à savoir : de produire, de répandre, de mettre en lumière, de faire pénétrer dans les
esprits tout ce que le Saint-Siége a enseigné
contre des doctrines coupables, ou *contre des*
doctrines pour le moins fausses et reçues en
plus d'un lieu, notamment contre le libéralisme
catholique, qui tâche de concilier la lumière
avec les ténèbres, la vérité avec l'erreur.

« Sans doute, vous avez entrepris là une
lutte bien rude et bien difficile, puisque ces

---

nino petendæ, ubi Cathedram ejus Christus constituit.
Licet itaque Nostris distenti curis legere nequiverimus
ephemeridem vestram, commendare cogimur propositum a litteris vestris proditum, cui plane respondere di-
dicimus ipsam ephemeridem, producendi scilicet, vul-
gandi, illustrandi, inculcandi auribus quæ sancta hæc
Sedes docuit adversus doctrinas aut nefarias, aut saltem falsas passim receptas, et nominatim contra catho-
licum liberalismum, qui lucem cum tenebris et veritatem cum errore conciliare conatur.
Satis asperam quidem ac difficilem luctam suscepistis,

3.

doctrines pernicieuses, qui ouvrent le chemin à toutes les entreprises de l'impiété, sont en ce moment soutenues avec violence par tous ceux qui se glorifient de favoriser *le prétendu progrès de la civilisation;* par tous ceux qui, faisant consister la Religion dans les actes extérieurs et n'ayant pas son véritable esprit, parlent partout et très-haut de paix, alors qu'ils ignorent la voie de la paix, et attirent à eux, par ce procédé, le *nombre très-considérable des hommes que séduit l'amour égoïste du repos.*

« Nous vous souhaitons donc, en ces luttes si graves, un secours particulièrement efficace, afin d'une part que vous ne franchissiez jamais les limites de ce qui est vrai et juste, d'autre part afin que vous parve-

---

cum perniciosæ hujusmodi opiniones, quæ viam sternunt omnibus impietatis cœptis, in præsentiarum acriter propugnentur ab iis omnibus, qui asserto *civilitatis progressui* se studere gloriantur, quique religionem in exterioribus actis constituentes et vero ejus spiritu destituti, pacem ubique clamant, cum viam pacis non cognoverint, plurimosque sic propriæ quietis amatores ad suas partes alliciunt.

In ancipiti igitur hoc certamine peculiarem et validam vobis ominamur opem, tum ne unquam veri et justi limites prætergrediamini, tum ut offusas mentibus tenebras discutere possitis. Interim vero superni favoris

niez à dissiper les ténèbres qui offusquent les esprits.

« En attendant, comme présage de la fa-veur divine et comme gage de Notre paternelle bienveillance, Nous vous accordons avec une grande affection la Bénédiction Apostolique.

« Donné à Rome, près Saint-Pierre, le 21ᵉ jour de mai 1874, de Notre Pontificat l'année vingt-huitième.

PIE IX, Pape.

En France, les catholiques n'étaient pas restés sourds non plus à la voix du Chef de l'Église. Le plus intrépide adversaire du catholicisme libéral avait publié, sur les agissements du parti libéral et de ses plus illustres chefs, des travaux qui ont fait grand bruit [1], et il en avait fait hommage à Sa

---

auspicem et paternæ Nostræ benevolentiæ pignus Apos-tolicam Benedictionem Vobis, Dilecti Fili, peramanter impertimus.

Datum Romæ, apud S. Petrum, die 21 maii 1874, Pontificatus Nostri anno vicesimo octavo.

PIUS PP. IX.

[1] *Les catholiques-libéraux ; Les incartades libérales ; Suite de l'inscription de la Roche-en-Breuil.*

Sainteté. Par la plume de son Secrétaire des
Lettres latines, le Pape jugea opportun de
féliciter hautement le courageux défenseur
« de la saine doctrine, contre les fausses
prétentions de ceux que l'on nomme catholiques-libéraux, *illorum qui catholici liberales
dicuntur;* fausses prétentions qui, à plusieurs
reprises déjà, ont été réprouvées par le
Siége-Apostolique [1]. »

Il n'y a donc plus l'ombre d'un doute sur
les pensées, les volontés expresses du Siége
Apostolique. Le catholicisme libéral est réprouvé par l'Église.

Encore une fois, « *qui habet aures audiendi
audiat!* »

VIII.

« Il n'est donc plus permis en conscience
d'être catholique-libéral ? »

Non; cela n'est *plus* permis. Il y a un
certain nombre d'années, lorsque la question demeurait encore dans le vague, l'illusion libérale, qui a certains côtés brillants,
pouvait se concevoir. Beaucoup n'y voyaient
que des intentions généreuses; et comme,
au fond, ils ne cherchaient que la liberté
de l'Église, ils ne s'occupaient guère que

---

[1] Lettre de Mgr Nocella à M. l'abbé Morel, en date du
7 octobre 1874.

du côté pratique de la question, n'appro-
fondissant point le côté doctrinal. Mais depuis, le jour s'est fait ; l'arbre a porté ses
fruits ; la distinction chimérique entre les
libéraux et les *libérâtres*, c'est-à-dire entre
les libéraux qui avaient de bonnes intentions
et les libéraux qui en avaient de mauvaises,
a été écartée par le Saint-Siége ; et si jadis
on pouvait excuser les catholiques qui don-
naient dans le libéralisme, il faut reconnaître qu'aujourd'hui ils sont absolument inex-
cusables. Ils ne peuvent alléguer que l'ignorance ; excuse peu flatteuse pour des gens qui
se piquent d'être des esprits éclairés, des
hommes d'intelligence et de progrès.

Théologiquement parlant, il est certain
que dans la profession ouverte ou le main-
tien secret des doctrines libérales et dans
leurs différentes applications pratiques, il
y a matière à péché grave contre l'obéissance due à l'enseignement du Saint-Siége.
Je ne dis pas que l'on pèche toujours gravement et formellement : c'est le secret de
Dieu ; ce que je dis, parce que cela est hors
de doute, c'est qu'il y a là matière à péché
grave.

IX.

« Cependant, il n'y a pas eu de définition de foi proprement dite? »

C'est vrai ; le libéralisme catholique n'a pas encore été formellement déclaré hérétique; mais il a été et il demeure flétri, réprouvé et condamné comme un ensemble d'opinions « très-pernicieuses, » fausses, aussi dangereuses pour l'Église que pour la société. Franchement, de quel nom appeler un chrétien à qui cela ne suffit pas? Relisez les Brefs que nous venons de citer. « Les opinions libérales, dit le Souverain-Pontife, s'appuyent sur les principes les plus pernicieux.[1]... Ceux qui sont imbus de ces principes s'efforcent de pervertir la doctrine et l'esprit de l'Église[2] ». Il dénonce « le virus caché des principes libéraux[3]; » il félicite hautement les catholiques « fidèles d'être remplis d'aversion pour les principes catholiques-libéraux, » et il répète avec énergie que les principes libéraux ont été « condamnés à diverses reprises par le Siége-Apostolique[4]. »

Après cela, dités si, oui ou non, le libéra-

1 Bref aux Milanais.
2 Bref aux Belges.
3 Bref de Quimper
4 Bref aux Belges.

lisme catholique n'est pas condamné, et par conséquent condamnable.

Qu'il soit réprouvé comme hérétique, ou simplement comme une opinion fausse, erronée, téméraire, menant au schisme et à l'hérésie, comme une nouveauté pernicieuse, qu'importe, au point de vue pratique?

Il y a d'autres péchés contre la foi que le péché d'hérésie. « Tout ce qui est mauvais en matière de doctrine, dit Bossuet, n'est point pour cela formellement hérétique. L'amour de la vérité doit donner de l'éloignement pour tout ce qui l'affaiblit; et je dirai avec confiance qu'on est proche d'être hérétique, lorsque sans se mettre en peine de ce qui favorise l'hérésie, on n'évite que ce qui est précisément hérétique et condamné par l'Église [1]. »

L'autorité du Saint-Siége a récemment et énergiquement confirmé ce principe. Dans sa célèbre Encyclique du 8 décembre 1864, qui servit de préambule au *Syllabus*, le Pape Pie IX a condamné « l'audace de ceux qui, ne pouvant supporter la saine doctrine, prétendent que l'on peut, sans pécher et sans porter aucun préjudice à la foi catholique, refuser d'acquiescer et d'obéir aux juge-

---

[1] Défense de la Tradition et des saints Pères. (1re partie, liv. I, chap. XXII.)

ments et décrets du Siége-Apostolique qui regardent le bien général, les droits et la discipline de l'Église, sous prétexte qu'ils ne touchent point aux dogmes de la foi et de la morale [1] ».

Certes, s'il est une chose qui touche directement et à la foi et à la morale, c'est, à tous ses degrés, la liberté systématique de l'erreur et du mal, c'est-à-dire la liberté des libéraux, c'est-à-dire le libéralisme, qu'il soit ou non porté par des catholiques.

Au fond, le libéralisme n'est pas plus catholique que le protestantisme. Si vous voulez rester libéral, cessez de vous dire catholique. Le libéralisme n'est qu'un rejeton du protestantisme ; c'est l'enfant naturel du fameux principe du *libre*-examen.

Oui, le libéralisme catholique est condamné, quoiqu'il ne le soit pas encore formellement comme hérétique. Oui, il y a incompatibilité absolue entre le catholicisme et le libéralisme. Et désormais un chrétien, tant soit peu instruit, ne peut en sûreté de

---

1 Silentio præterire non possumus eorum audaciam, qui sanam non sustinentes doctrinam contendunt « illis Apostolicæ Sedis judiciis, et decretis, quorum objectum ad bonum generale Ecclesiæ, ejusdemque jura, ac disciplinam spectare declaratur, dummodo fidei morumque dogmata non attingat, posse assensum et obedientiam detrectari absque peccato, et absque ulla catholicæ professionis jactura. » (Encycl. Quanta cura).

conscience ni être ni se dire catholique-
libéral.

X.

« Mais les Brefs ne sont après tout que des
Brefs , disait tout dernièrement un jeune
abbé fort entiché de libéralisme. Ce ne sont
pas des Bulles dogmatiques, et ce qu'ils contiennent n'est pas article de foi. »

Sans aucun doute ; mais ce qui est « article de foi », de foi révélée et définie [1], c'est
que « toute créature humaine est de droit
divin soumise au Pontife Romain, sous peine
de damnation éternelle ».

Or, du moment que le Pape parle comme
Pape et enseigne officiellement, il importe
peu que ce soit par un Bref ou par une Encyclique ou par une Bulle : ce qui importe
uniquement, c'est de savoir s'il entend enseigner. Dans les cinq Brefs en question , la
pensée pontificale ne saurait être douteuse,
non plus que la portée magistrale que le Pape
entend donner à sa parole. En effet, ainsi
que le fait remarquer le docte et lumineux

---

[1] Par le Pape Boniface VIII, dans sa célèbre Bulle dogmatique *Unam sanctam*, dont les gallicans avaient osé nier
l'autorité, mais que le Concile œcuménique du Vatican vient
de faire sienne , en promulguant et en ratifiant de nouveau
toutes les Constitutions Apostoliques précédentes.

Évêque de Poitiers, « le Pontife romain n'invoque rien moins ici que l'infaillibilité de son pouvoir doctrinal [1] ». Il réclame explicitement une « pleine et humble soumission au Saint-Siége et à son infaillible magistère [2] » ; et cela, au moment même où il va enseigner, *dans un simple Bref,* que les opinions libérales sont des erreurs, des erreurs maintes fois réprouvées, dont il faut se défier plus que de l'impiété elle-même.

Encore une fois, cinq Brefs, cinq Brefs dogmatiques, se succédant à de si courts intervalles, s'adressant à l'Allemagne, à l'Italie, à la Belgique, à la France, exposant des principes et donnant des directions qui regardent tous les enfants de l'Église : franchement, que faut-il de plus pour manifester jusqu'à l'évidence, chez le souverain Docteur et Pasteur de l'Église, l'intention formelle d'enseigner, et d'enseigner officiellement ?

« Ces Brefs, ajoute l'Évêque de Poitiers, sortent du cadre des simples Lettres privées, tant par leur destination que par leur contenu. Les destinataires ne sont pas de simples individus, mais des Associations catholiques, auxquelles il est manifeste que le

---

1 Œuvres de Mᵍʳ Pie, Évêque de Poitiers, tome VII, page 570.

2 Bref de Quimper.

Chef de l'Église entend donner une direction doctrinale. Le contenu est le développe-
ment et l'application de documents anté-
rieurs, adressés à l'Épiscopat. Ces Brefs sont
la condamnation explicite et motivée du
libéralisme religieux, et il faut un singulier
entêtement pour vouloir concilier désormais
ce système avec l'orthodoxie catholique [1]. »

Sans doute, il n'est pas encore question là
d' « articles de foi » ; et personne ne dit que
cette « direction doctrinale », toute souveraine et infaillible qu'elle est, constitue le
libéralisme catholique à l'état d'*hérésie formelle*. Nous-même, tout à l'heure, nous
avons soigneusement distingué et dit le contraire. Ce que nous avons dit et ce que nous
répétons ici, c'est que tout chrétien, ecclésiastique ou laïque, est tenu de soumettre
son jugement à l'enseignement apostolique
contenu dans ces Brefs, qu'il y est tenu *sub
gravi*, et qu'un confesseur ne pourrait ad-
mettre aux sacrements ceux qui déclare-
raient ne point accorder ici à l'enseignement
et aux directions du Souverain-Pontife la
« pleine et humble soumission », intérieure
et extérieure, qui est due « au Saint-Siége et
à son magistère infaillible ».

Que les libéraux et les demi-libéraux con-

---

[1] *OEuvres*, tome VII, p. 568.

tinuent, s'ils le veulent, à nous taxer d'exagération : c'est une accusation très-commode et fort en usage ; les jansénistes connaissaient et pratiquaient cette tactique, qui évite de répondre sérieusement et de discuter le fond des questions. Mais, qu'ils le sachent bien, ce que nous disons ici, c'est la vérité ; et quiconque se heurte contre la vérité, s'y brise. Il y a là une question de conscience et de salut.

XI.

« Mais qu'est-ce donc, dites-moi, que le libéralisme catholique ? En quoi consiste-t-il ? »

Au fond, il consiste dans une fausse idée de la *liberté* [1], idée protestante acceptée par des catholiques. — Il y a ici à distinguer trois choses, souvent unies, mais parfaitement distinctes, à savoir : un sentiment, un parti, et une doctrine.

Chez les uns, le libéralisme catholique est une affaire de sentiment; chez les autres, c'est une affaire de parti ; chez d'autres enfin, et c'est le très-petit nombre, c'est une affaire de doctrine.

---

1 Ne pas confondre la *liberté* avec le *libre arbitre*. Dans la thèse du libéralisme, il n'est jamais question que de la liberté extérieure, de la faculté de faire sans entraves extérieures ce que l'on veut.

Le sentiment libéral.

Pour les femmes et pour la plupart des jeunes gens, le libéralisme catholique n'est qu'un sentiment, une espèce d'instinct irréfléchi; pas autre chose.

C'est l'amour instinctif et, en un sens, légitime de *la liberté*; mot magique, entraînant, qui répond à ce qu'il y a de meilleur en nous et tout ensemble à ce qu'il y a de plus mauvais, par cela même qu'il joint à sa puissance quelque chose de vague, d'indéterminé, dont le mal profite au moins autant que le bien. La liberté, en effet, ayant pour mission de rompre des *liens*, nous apprécions diversement la liberté, suivant que nous apprécions plus ou moins sainement ce qu'on appelle des *liens*. Pour le catholique, pour le serviteur de Dieu, un lien c'est tout ce qui gêne l'accomplissement du devoir, l'accomplissement de la volonté de Dieu ; pour le mondain, pour l'homme qui vit en dehors des idées de la foi, un lien c'est tout ce qui gêne ses passions et ses caprices. — Cette distinction est fondamentale ici. Elle explique comment le nom seul de liberté fait vibrer tous les cœurs, et pourquoi le sentiment de la liberté est si général, si irrésistible.

Dans le sentiment libéral, qu'il ne faut

donc pas confondre avec le sentiment de la
liberté, il y a du bon et du mauvais; le
bon, c'est l'horreur de tout ce que l'on
croit être de la tyrannie; c'est l'indignation
très-légitime contre ce que l'on regarde
comme des abus d'autorité et comme l'op-
pression de la conscience. Au fond, chez nos
jeunes catholiques-libéraux, il n'y a guère
que cela dans leur répulsion pour les hommes
et les institutions qui soutiennent énergiquement le principe d'autorité.

Le mal, c'est l'esprit d'indépendance et
de révolte qui fermente dans ces jeunes têtes,
et qui les rend sympathiques, sans qu'ils
sachent trop pourquoi, à ce qu'on appelle
« les libertés modernes, » à la séparation de
l'Église et de l'État, à la liberté de la presse,
aux libertés parlementaires, à la liberté de
l'hérésie et de l'erreur, et à tous ces principes de tolérantisme que le Saint-Siége a
condamnés en 1790, dès leur proclamation,
et qu'il a stigmatisés de nouveau, en 1832,
comme une dangereuse « folie, *deliramen-
tum* » [1].

Voilà ce qu'une analyse quelque peu at-
tentive fait découvrir dans le *sentiment* catholique-libéral, qui tourne aujourd'hui la
tête de tant de jeunes gens.

---

[1] Encyclique *Mirari vos*, de Grégoire XVI.

Et de même que le mélange de bon vin et de poison fait un tout parfaitement empoisonné, de même, malgré le bien qui s'y trouve, le sentiment catholique-libéral est un sentiment parfaitement mauvais et dangereux. C'est un sentiment qui conduit les jeunes gens à des excès fort regrettables. Il développe en eux la suffisance, la présomption, l'orgueil ; il sape dans leurs cœurs généreux le respect et l'amour de l'autorité de l'Église ; et l'on en voit qui, plutôt que de se soumettre, s'abandonnent à des impertinences et à des colères aussi blâmables que ridicules.

Néanmoins, il ne faut pas prendre la chose trop au tragique. Un jeune libéral est enchanté quand on le prend au sérieux. J'ai connu un homme de grand sens et de beaucoup d'esprit qui disait que, « après tout, un jeune libéral c'est tout simplement une mauvaise tête, au service d'une dose plus ou moins sensible d'ignorance, de présomption et de vanité. » Si le portrait est un peu sévère, il faut avouer qu'il ne manque pas de ressemblance

Il est plus ou moins ressemblant suivant que, dans le sujet, la dose de libéralisme l'emporte plus ou moins sur la dose de catholicisme. Porté à un certain degré, le sentiment catholique-libéral devient du libéra-

lisme pur sang, c'est-à-dire de l'esprit révolutionnaire plus ou moins déguisé sous des
habitudes religieuses; c'est un véritable libertinage d'esprit, plus dangereux encore que
le libertinage des sens. Alors il faut le prendre très au sérieux; c'est un sentiment anticatholique, c'est un véritable manque de foi,
c'est de l'orgueil et de l'insoumission; c'est,
sous le nom séduisant de liberté, l'amour de
la licence; et cela peut exposer l'âme à des périls très-graves. J'ai connu d'excellents jeunes
gens que le sentiment libéral a fini par complétement détourner de la droite voie, et
qui, malheureusement logiques, non moins
qu'ardents et peu solidement instruits, ont
donné dans tous les écarts de la libre-pensée
et des folies révolutionnaires.

Chez le plus grand nombre cependant,
l'élément catholique domine de beaucoup
l'élément libéral; et c'est ce qui fait que,
malgré leur petite tocade, ils restent de bons
et braves jeunes gens. Si l'un ou l'autre vient
à mourir dans cet état, il en sera quitte pour
faire une station épurative plus ou moins
longue dans les terribles flammes du Pur-
gatoire. Pour entrer au ciel, il faut, en effet,
que tout soit pur, l'esprit non moins que
le cœur. Si les libéraux sont connus en Pur-
gatoire, ils sont radicalement inconnus au
Paradis.

Le parti libéral.

Le sentiment libéral a engendré le parti libéral, parti politique plus encore peut-être que religieux, dont la marotte est la *liberté*. Or, par liberté, il n'entend pas ce qu'entend l'Église de Dieu, mais une liberté à la façon moderne, une liberté rationaliste qui anéantit l'autorité, proclame l'indifférence entre le vrai et le faux, et mène fatalement à l'anarchie et, par l'anarchie, au despotisme.

Poussé par cette fantaisie et enivré de ce sentiment, le parti libéral altère tout ce qu'il touche, et introduit la division dans le camp catholique. Il a ses principes à lui, et ils sont le contrepied de ceux du Saint-Siége. Il a ses manières de faire, sa politique, sa sagesse; et cette sagesse, cette politique contredit en plein les directions fermes et sûres que, de la part de Dieu, le Souverain-Pontife ne cesse de donner aux gouvernements et aux peuples.

Ces hommes sont, au fond et malgré des vertus réelles, de véritables sectaires; et ils reproduisent trait pour trait ce que l'histoire nous apprend des anciens sectaires jansénistes et gallicans.

Comme eux, «ils affichent leur dépit contre tout ce qui marque une obéissance prompte, entière, absolue aux décrets et aux avertis-

4

sements du Saint-Siége. Ils ne parlent que dédaigneusement du Siége-Apostolique, en l'appelant *cour romaine*. Ils accusent tous ses actes d'être imprudents ou inopportuns. Ils affectent d'appliquer le nom d'ultramontains et de jésuites aux fils de l'Église les plus zélés et les plus obéissants. Enfin, pétris d'orgueil, ils s'estiment plus sages que l'Église, à qui a été faite la promesse d'une assistance divine spéciale et éternelle [1]. »

Ce n'est pas moi qui parle ainsi, c'est le souverain Pasteur et Docteur de l'Église, à qui tous, sans exception, nous devons l'obéissance et de l'esprit et du cœur. Le portrait qu'il trace ici des sectaires du parti libéral est une véritable photographie; et en lisant chaque phrase, on ne peut s'empêcher de s'écrier : Comme c'est cela !

Et notez-le bien, mes amis : ces sectaires ne sont pas le moins du monde des impies ni des ennemis déclarés de l'Église; non, ce sont des chrétiens, souvent des chrétiens fort pratiquants, et dont la vie privée est non-seulement honorable mais édifiante; en tous cas, ce sont des hommes qui ont parfaitement la foi; ce sont des catholiques. C'est là précisément qu'est le danger et pour eux-mêmes et pour les autres, comme le Saint-Père le

1 Bref aux Milanais.

constate expressément. « Ceux, dit-il, qui
sont imbus de ces principes font profession,
il est vrai, d'amour et de respect pour l'É-
glise et semblent consacrer à sa défense leurs
talents et leurs travaux; mais ils n'en travaillent pas moins à pervertir son esprit
et sa doctrine; et chacun d'eux, suivant la
tournure particulière de son esprit, incline
à se mettre au service, ou de César, ou de
ceux qui inventent des droits en faveur de la
fausse liberté.

« Cette insidieuse erreur est plus dangereuse qu'une inimitié ouverte, parce qu'elle
se couvre du voile spécieux du zèle et de la
charité[1]. »

Aussi en séduit-elle un grand nombre,
principalement chez les jeunes gens qui,
étant fort sincères, croient que tout est bon
là où ils voient du bien. Hélas! on peut avoir
mal à la tête sans avoir mal au cœur. C'est
le cas de nos sectaires libéraux, qui joignent
souvent des idées anticatholiques à une pureté de mœurs et à des œuvres de charité tout
à fait catholiques.

C'est ce que, dans sa sollicitude paternelle, le Saint-Père signale encore aux jeunes chrétiens, lorsqu'il ajoute qu' « ils pourraient trouver une voie glissante vers l'er-

---

[1] Bref aux Belges.

reur dans ces opinions soi-disant libérales
qui sont accueillies par beaucoup de catholiques, honnêtes d'ailleurs et pieux dont,
par conséquent, la religion et l'autorité
peuvent très-facilement attirer à eux les esprits et les incliner vers des opinions très-
pernicieuses.

« Dans les nombreuses occasions où Nous
avons repris les sectateurs des opinions libérales, continue le Très-Saint Père, Nous n'a-
vons pas eu en vue ceux qui haïssent l'É-
glise et qu'il eût été inutile de désigner;
mais bien ceux que Nous venons de signaler,
lesquels, conservant et entretenant le virus
caché des principes libéraux qu'ils ont sucé
avec le lait, sous prétexte qu'il n'est pas infecté d'une malice manifeste et n'est pas,
suivant eux, nuisible à la Religion, l'inocu-
lent aisément aux esprits et propagent ainsi
les semences de ces révolutions dont le
monde est depuis longtemps ébranlé [1]. »

Voilà la vérité sur le parti catholique-libéral. Pour les honnêtes gens, c'est-à-dire pour
la quasi-unanimité des chrétiens, il est beaucoup plus dangereux que le parti libéral-
révolutionnaire. Celui-ci fait horreur, et non
point l'autre : on voit du premier coup les
abîmes où conduit tout droit le libéralisme

---

[1] Bref de Quimper.

révolutionnaire, tandis que le libéralisme
catholique, enveloppé qu'il est de religion,
fait aisément illusion à ceux qui n'y regardent pas de très-près. De part et d'autre, le
fond est le même ; il n'y a guère de diffé-
rence que dans les personnes, dans les intentions et, il faut bien le dire aussi, dans
le choix des moyens. Pour le libéralisme catholique comme pour le libéralisme révolutionnaire, l'Arche sainte, ce sont ces fausses
libertés, ces lois et ces institutions bâtardes,
mélangées de vrai et de faux, de bien et de
mal, qui, depuis 1789, régissent ou plutôt
étouffent et la France et l'Europe [1].

---

[1] Dès l'année 1846, le P. Lacordaire portait sur le libéra-
sme ce curieux jugement :

« Voyez l'état où est la France après cinquante ans d'essais
et d'efforts pour vivre du seul sens humain. Quel pitoyable
état que celui du libéralisme, et comme il trouve la mort
dans sa victoire ! Point de principes, point de cœur, point de
gloire, voilà depuis quinze ans toute sa vie. Non qu'il n'ait
eu des pensées généreuses et qu'il n'ait accompli des réfor-
mes utiles ; mais il n'a jamais voulu de l'Église pour com-
pagne de ses desseins, et il expire, après cinquante ans, dans
le vide et la platitude.

« Si l'Église n'était pas là, nous toucherions au bas-em-
pire, et, malgré elle, on sent partout une odeur d'eunuque.
Je ne crois pas qu'une doctrine et un parti aient jamais reçu
de châtiment plus sanglant de la Providence. » (Lettres
inédites du P. Lacordaire, page 176. — Chez Poussielgue,
1874.)

Et penser que des chrétiens sincères, de véritables catholiques se sont laissé affubler du manteau de ce libéralisme,
et que l'excellent P. Lacordaire lui-même l'a pris maintes fois
pour un ornement !

4.

Qu'on ne se fasse point illusion : le parti libéral est puissant. Il règne et gouverne, tantôt sous une forme césarienne et militaire, tantôt sous une forme bourgeoise, tantôt sous une forme républicaine, plus ou moins démocratique, c'est-à-dire anarchique. Partout il veut faire de l'ordre avec du désordre, pour régner.

On dira tout ce qu'on voudra, ses caractères saillants sont la personnalité, sous l'apparence du dévouement ; l'absolutisme, sous le voile de la modération et de l'amour de la liberté ; la médiocrité, sous le voile du talent ; l'intrigue, sous le voile de l'honneur ; c'est je ne sais quelle horreur instinctive de l'autorité véritable, de l'autorité légitime, soit en religion, soit en politique.

Les meneurs du parti, tout catholiques qu'ils sont, savent intriguer mieux que personne, et leur conduite publique offre un singulier mélange d'honneur et de duplicité. Ils aiment étrangement les faveurs, les décorations et les bonnes places. Pour y arriver, ils se font la courte échelle, ils se surfont sans vergogne les uns les autres dans leurs journaux, dans leurs revues, et on les a appelés très-justement « une société d'admiration mutuelle ». On ne comprend guère ce qu'ils font de leur conscience au milieu de tout cela ; car, malgré tout, ils entendent rester catholiques, et bons catholiques.

Le parti libéral est le pont qui, depuis bientôt un siècle, conduit les peuples chrétiens aux révolutions, c'est-à-dire aux crimes publics les plus antichrétiens. Il mine l'autorité de l'Église, et a trouvé moyen d'attirer dans ses rangs non-seulement quantité de catholiques très-sincères, mais un certain nombre d'ecclésiastiques, dont quelques-uns haut placés.

Qu'ils soient plus ou moins de bonne foi, les meneurs du parti catholique-libéral engagent terriblement leur conscience, et le mal qu'ils font durera longtemps.

La doctrine libérale.

On l'a dit souvent et avec grande raison : ce sont les doctrines qui font les hommes. Les doctrines, ou pour mieux dire, les opinions libérales sont l'âme du parti libéral, et elles sont le soutien caché du sentiment libéral.

En quoi consistent-elles? Il est difficile de le savoir bien nettement; car les catholiques-libéraux ne se hasardent pas volontiers à formuler leurs principes. Le parti a des meneurs : il n'a point de docteurs.

Deux fois, en France, il a essayé de formuler sa doctrine; et, les deux fois, il a été immédiatement condamné par le Saint-

Siége. Ce fut d'abord un travail court, mais
sérieux, d'un professeur de théologie, très-
sincère dans son erreur puisqu'il l'a immédiatement rétractée. Ce fut ensuite un travail collectif et anonyme de quatre fortes
têtes du parti catholique-libéral (dont on a
connu les noms) et qui résumait, en la défendant de son mieux, la doctrine catholique-libérale.

En allant au fond des choses, et en sai-
sissant le moins imparfaitement possible,
cet insaisissable Protée, voici ce que l'on en
peut dire :

D'abord, la doctrine catholique-libérale
est un système général de fausse liberté et
de fausse charité qui, en religion comme en
politique, tend à amoindrir les vérités et les
principes, et à les remplacer par des nuan-
ces et par du sentiment, non certes par impiété, mais afin de soi-disant concilier à
l'Église, à la foi, à la vérité, au droit les
sympathies des adversaires. Elle tient peu
de compte des principes les plus certains
dès que ces principes sont en opposition
avec l'opinion publique, c'est-à-dire avec
les préjugés et les erreurs publiques. Elle
tend toujours à mettre le fait au-dessus du
droit. Des questions de principes elle fait
immédiatement des questions de personnes,
sacrifiant ainsi systématiquement la vérité.

et le droit à une affaire de sentiment, d'habileté ou d'intérêt. Les catholiques-libéraux
se laissent tellement préoccuper des personnes, qu'ils perdent de vue les principes,
lesquels sont pourtant la base de tout. De là
vient que, tout en aimant sincèrement le
bien, ils perdent pour ainsi dire l'horreur
du mal, l'horreur de l'hérésie, l'horreur
des crimes politiques. Ils ne conservent que
l'amour des concessions aux méchants; pauvres dupes! pendant qu'ils se flattent d'attirer les méchants sur leur terrain, ils glis-
sent eux-mêmes et tombent sur le terrain
de l'ennemi.

Puis, la doctrine catholique-libérale, qui
n'est, au fond, que la doctrine révolutionnaire de 89, pose en principe, comme chose
sinon absolument bonne, du moins meil-
leure, la séparation de l'Église et de l'État,
laquelle n'est autre chose que l'indépendance absolue de la société civile vis-à-vis
de la loi divine, de la religion révélée et de
la sainte Église. Notre-Seigneur a envoyé le
Pape et les Évêques en leur disant : « *En-*
« *seignez tous les peuples, et apprenez-leur à*
« *observer mes lois. Je suis moi-même avec*
« *vous jusqu'à la fin des siècles.* » Les catholiques-libéraux restreignent cette mission aux intérêts privés de chaque chrétien
en particulier; ils dénient au Souverain-

Pontife et à l'Épiscopat le droit d'enseigner les gouvernants aussi bien que les gouvernés, et de veiller à ce que JÉSUS-CHRIST puisse régner sans entraves dans les institutions publiques, dans les lois, dans la direction des sociétés.

Enfin, la doctrine catholique-libérale méconnaît et altère profondément les rapports de l'autorité et de la liberté, telles que DIEU les a établies et telles que son Église est chargée de les enseigner et de les maintenir. Elle est une altération profonde de la doctrine catholique sur l'autorité, au profit de la liberté; et c'est pour cela qu'elle s'appelle *libérale*.

Suivant l'Église, l'autorité est la puissance active établie de DIEU pour faire respecter et exécuter la loi : suivant le catholicisme libéral, l'autorité est la puissance passive qui doit couvrir d'une égale protection et la foi et l'hérésie, et la vérité et l'erreur, et le bien et le mal; pourvu que l'ordre matériel ne soit point troublé, elle ne doit point prendre parti pour le bon DIEU contre le démon.

Suivant l'Église, la liberté est la puissance donnée à tous et à chacun de faire sans entraves la volonté de DIEU et d'accomplir le devoir : suivant le catholicisme libéral, la liberté est la faculté, accordée à tous et à chacun, de faire le mal comme le bien, pourvu que l'ordre matériel ne soit point troublé.

Pour le bon DIEU et son Église, l'autorité est la puissance qui protége le bien et le fait régner ; pour le démon et la Révolution, l'autorité est la puissance qui protége le mal et le fait régner ; pour les catholiques-libéraux, l'autorité est la puissance indifférente au bien et au mal et qui les protége également. Et de même, pour l'Église, la liberté est la puissance de faire le bien sans entraves ; pour la Révolution, c'est la puissance de faire le mal sans entraves ; pour le catholicisme libéral, c'est la puissance de faire indifféremment le bien ou le mal.

Or, d'après la doctrine catholique, comme d'après le système libéral, cette double notion de l'autorité et de la liberté doit régler tout : la Religion, l'ordre social et politique, la législation, la jurisprudence, l'éducation, la famille.

Aussi, et précisément parce qu'elle s'étend à tout, la doctrine catholique-libérale est-elle une erreur extrêmement grave, dont les conséquences pratiques sont incalculables. Elle touche, pour la fausser, à la notion essentielle de l'autorité et de la liberté, sur laquelle reposent, comme sur leur base, l'ordre religieux, l'ordre civil et l'ordre domestique tout entier. Il y a là les éléments d'une immense hérésie ; et tout porte à croire que le Saint-Siége, ou le Concile œcuménique, ne tardera point à frapper d'un anathème définitif une erreur qui résiste à tous les avertissements, et qui ne tend à rien moins qu'à aider la Révolution proprement dite dans son œuvre de destruction universelle.

Ainsi, la doctrine catholique-libérale est une altération systématique de la vérité, de la foi et du droit; elle est une altération systématique des rapports de l'Église avec les sociétés civiles, et une négation plus ou moins accentuée du droit divinement conféré à l'Église de diriger spirituellement les gouvernements et les sociétés, d'inspirer les lois et les institutions publiques; elle est enfin une altération systématique de la doctrine de l'Église sur l'autorité et la liberté.

Après cela, vous étonnerez-vous, mes bons et chers amis, d'entendre le Chef de l'Église gémir et s'indigner à la vue de ces catholiques frelatés qui, sciemment ou non, font tant de mal?

« Hélas ! s'écrie-t-il, il y en a qui ont l'air de vouloir marcher d'accord avec nos ennemis, et s'efforcent d'établir une alliance entre la lumière et les ténèbres, un accord entre la justice et l'iniquité, au moyen de ces doctrines qu'on appelle catholiques-libérales, lesquelles, s'appuyant sur les principes les plus pernicieux, flattent le pouvoir laïque quand il envahit les choses spirituelles, et poussent les esprits au respect, ou tout au moins à la tolérance des lois les plus iniques, absolument comme s'il n'était pas écrit que « *personne ne peut servir deux maîtres.* »

« Or, ajoute le Souverain-Pontife, ceux-ci sont plus dangereux assurément et plus funestes que des ennemis déclarés, et parce qu'ils secondent leurs efforts sans être remarqués, peut-être même sans s'en douter, et parce que, se maintenant sur l'extrême limite des opinions formellement condamnées, ils se donnent une certaine apparence d'intégrité et de doctrine irréprochable, alléchant ainsi les imprudents amateurs de conciliation et trompant les gens honnêtes, lesquels se révolteraient contre une erreur déclarée. De la sorte, ils divisent les esprits, déchirent l'unité et affaiblissent les forces qu'il faudrait réunir pour les tourner toutes ensemble contre l'ennemi [1].

« Ils inclinent à se mettre au service, ou de César, ou de ceux qui inventent des droits en faveur de la fausse liberté, s'imaginant qu'il faut absolument suivre cette voie pour

[1] Bref aux Milanais.

enlever la cause des dissensions, pour concilier avec l'Évangile le progrès de la société
actuelle, et pour rétablir l'ordre et la tranquillité ; comme si la lumière pouvait coexister avec les ténèbres, et comme si la vérité
ne cessait pas d'être la vérité dès qu'on lui
fait violence en la détournant de sa véritable
signification et en la dépouillant ainsi de la
fixité inhérente à sa nature[1] ! »

Ces paroles du Vicaire de Dieu devraient
être apprises par cœur dans tous nos col-
léges catholiques, dans tous nos Petits et
Grands-Séminaires, dans tous nos Cercles
d'étudiants. L'on ne conçoit pas comment
un jeune chrétien qui les connaît et qui les
comprend, peut, je ne dis pas être libéral,
mais ne point concevoir pour le catholicisme-libéral une honnête et invincible répulsion.

Telle est la réponse nécessairement com-
plexe à cette question en apparence si simple : « Qu'est-ce que le libéralisme catholique ? Qu'est-ce que le catholicisme libéral ?»
C'est un sentiment faux et dangereux ; c'est
un parti nombreux, actif, remuant, qui
conspire de fait contre l'Église et contre la
société civile, servant sans le vouloir l'hor-

1 Bref aux Belges.

rible cause de la Révolution ; c'est une doctrine fausse, très-pernicieuse, grosse d'hérésies et de révolutions. Un catholique-libéral,
c'est un homme qui participe à un degré
quelconque ou à ce sentiment, ou à ce parti
ou à cette doctrine; d'autant plus malade
qu'il est plus libéral, d'autant moins malade
qu'il est plus catholique.

Le catholicisme libéral, c'est le catholicisme plus ou moins frelaté de libéralisme
et entaché d'idées protestantes et révolutionnaires. Le libéralisme catholique, c'est l'hérésie et la Révolution plus ou moins modérées dans leurs formes, qui, à la faveur du
beau nom de catholiques, s'insinuent jus-
que dans le sein de l'Église[1] ; c'est le loup
circulant librement dans la bergerie, sous

---

[1] Un ministre-protestant de Genève, le professeur Bouvier,
vient de le proclamer. Expliquant à son auditoire pourquoi
le catholicisme libéral doit être et est si sympathique au protestantisme, il dit en toutes lettres : « Dans notre lutte contre
le catholicisme, le catholicisme libéral intervient, armé à la
fois du prestige de l'antiquité des doctrines et de la nouveauté de l'esprit... Le catholicisme libéral peut seul faire
l'œuvre de réforme, d'édification vivante qu'il a entreprise
dans le milieu où il est né. Le pur Évangile, lorsqu'il est ap-
porté aux masses catholiques par des mains protestantes, est
par cela même compromis ; on le suspecte. Le catholicisme
libéral, lui, a chance de trouver un meilleur accès et de pénétrer un jour, plus vite et plus droit, au cœur même de la
place. » (L'Église libre, journal protestant de Nice, janvier
1874).

Après cela, soyez catholique-libéral, si vous en avez le
courage.

la peau de l'agneau. Est-il étonnant que le
pasteur frappe dessus à coups redoublés?

XII.

« Mais moi, je ne suis libéral qu'en politique. »

Et en quoi donc voudriez-vous être libéral?
Serait-ce en religion? Les libéraux en religion, ce sont les protestants.

Vous êtes catholique en religion et libéral
en politique? Eh! c'est précisément là ce
qu'on appelle être catholique-libéral. Un
catholique-libéral, c'est un catholique qui
n'est pas catholique en tout, et qui, dans les
questions politiques ou sociales, se soustrait
aux enseignements et aux directions supé-
rieures de l'Église, pour suivre ses idées
propres, c'est-à-dire ses idées fausses; car il
n'y a pas de vérité contre Dieu et son Église.

L'Église, ayant reçu de Dieu, comme
nous l'avons dit, la mission et l'ordre d'ap-
prendre à tous les hommes sans exception
à accomplir *en toutes choses* les volontés di-
vines, les Souverains, les hommes d'État, les
députés, les gouvernants, les magistrats et,
en général, tous ceux qui conduisent les autres, ont pour devoir, et pour premier devoir,
de conformer leurs pensées et leurs volontés
aux enseignements de l'Église dans l'exer-

cice de leur autorité. Sans cela, ils cessent d'être catholiques, au moins par un côté [1].

La politique n'étant autre chose que le gouvernement des sociétés et la direction pratique des affaires publiques, il est bien évident qu'elle doit être avant tout catholique, c'est-à-dire conforme aux lois de DIEU et à l'enseignement de son Église. Et il est également évident que le premier devoir d'un catholique, qui, à un titre quelconque, s'occupe de politique, est d'être catholique en cela comme en toutes choses. Vis-à-vis de la souveraine volonté de DIEU, serait-il par hasard permis de demeurer indifférent?

La lumière catholique éclaire tout, pénètre tout, comme la lumière du soleil; et de même que seule la lumière du soleil fait le jour, de même aussi la lumière de la foi (ou

[1] En politique, les catholiques-libéraux n'ont plus de foi. Ils sont plus ou moins sceptiques, et ils ne s'en cachent pas. L'un d'entre eux, personnage très-important de ce qu'on appelle le *centre droit* à l'Assemblée nationale, répondait ingénument à une personne qui venait de lui dire : « Où donc conduisez-vous la pauvre France? Si le bon DIEU ne s'en mêle pas, nous sommes perdus. — Tranquilisez-vous : le bon DIEU ne s'occupe pas de la politique ; c'est nous, et nous seuls, qui sauverons la France. La Providence ne se mêle pas de ces sortes d'affaires. Pourquoi mêler ainsi la religion à la politique? » Autant d'inepties et de blasphèmes; et sur dix de ces hommes d'État qui se promettent de nous sauver, il y en a neuf, pour ne pas dire dix, qui pensent cela et qui le disent.

en d'autres termes, l'enseignement du Saint-Siége) est seule capable de tirer le monde des ténèbres, non-seulement en ce qui concerne directement la Religion, mais encore en ce qui concerne le gouvernement des peuples, la direction des sociétés, les droits et les devoirs de chacun et de tous, l'éducation des enfants; en un mot, toutes les questions qui intéressent directement ou indirectement l'ordre moral et le règne de Notre-Seigneur JÉSUS-CHRIST sur nous.

Voilà pourquoi, en conscience, on ne peut être libéral en politique; voilà pourquoi la distinction, en apparence ingénieuse, de catholique en religion et libéral en politique, n'est au fond qu'une chimère et un leurre. Et enfin, voilà pourquoi, malgré le catholicisme de ce libéralisme, le libéralisme de ce catholicisme est, comme l'a dit et redit le Pape, une peste très-pernicieuse[1].

XIII.

« Et cependant n'est-il pas souverainement imprudent de mêler ainsi à tout propos la Religion à la politique ? Les prêtres vraiment

---

[1] Perniciosissimam pestem. (Bref Apostolique du 15 janvier 1872, à Mgr Gaume.) Liberalismi pestis perniciosissima (Bref du 26 février de la même année, aux Rédacteurs de la *Correspondance de Genève*).

sages ne s'occupent pas de politique. »

Les prêtres vraiment sages, comme les catholiques vraiment catholiques, « mêlent » la Religion à tout, non afin de tout brouiller, mais afin de faire régner DIEU partout et toujours. La prudence consiste à faire ce qu'il faut et à ne pas faire ce qu'il ne faut pas ; et la prudence libérale qui s'imagine qu'on compromet le bon DIEU en cherchant à le faire connaître, servir et aimer, est diamétralement contraire à la vraie prudence, à la prudence de l'Église, à la prudence de JÉSUS-CHRIST et de son Vicaire.

Relisez plutôt le Bref aux catholiques allemands. Certes, vis-à-vis de leur redoutable et rusé persécuteur, la prudence leur est nécessaire, non moins que le courage. Eh bien, voici comment le Souverain-Pontife entend les choses; voici les règles pratiques qu'il donne aux catholiques, en opposition avec les *sages* directions de la prudence libérale.

Le libéralisme moderne, « accepté par quelques catholiques », prétend que la Religion ne doit point sortir de la sacristie ni franchir les limites de la piété privée. — Le Pape déclare que les catholiques ne peuvent défendre efficacement leurs droits et leurs libertés qu'en se mêlant activement à toutes les affaires publiques, afin de faire prédo-

miner partout les principes et l'influence
salutaires de l'Église ; dans le domaine de
la vie publique comme dans celui de la vie
privée, le citoyen et le chrétien ne doivent
faire qu'un.

Le libéralisme tend toujours à subordonner
les droits de l'Église aux droits de l'État, par
mesure de prudence et de haute sagesse. —
Le Pape proclame une fois de plus que le
droit de l'Église est un droit absolument souverain, un droit divin, qui n'est subordonné
à rien ni à personne ici-bas. Et il déplore l'a-
berration de certains catholiques (les catholiques-libéraux) qui croient pouvoir faire à
cet égard des concessions à la puissance sé-
culière. En tout ce qui touche, directement
ou indirectement, le règne de Dieu ici-bas,
toute créature humaine est soumise à l'É-
glise : empereurs, rois, princes, gouvernements, assemblées, ministres, députés, magistrats, préfets, maires, etc. ; et cela, non
pas seulement comme personnes privées,
mais encore et surtout comme fonction-
naires, comme personnes publiques.

Le libéralisme prétend que les Associations
catholiques sont dangereuses et que, loin de
servir la Religion, elles la compromettent.—
Le Pape, au contraire, bénit et encourage les
Associations et Comités catholiques. A la
coalition des enfants de ténèbres, il déclare

qu'il faut opposer l'association des enfants de lumière.

Le libéralisme prétend que le clergé seul est appelé à défendre la doctrine, les droits et les libertés de l'Église. — Le Pape, répétant les enseignements de son Encyclique de 1853 aux Évêques de France, déclare que le peuple catholique peut et doit se lever comme un seul homme pour revendiquer, par tous les moyens légitimes, les droits sacrés de l'Église et de ses ministres ; seul, le peuple catholique étant assez fort pour résister à la tempête universelle.

Le libéralisme prétend parfois encore que les laïques n'ont point mission pour défendre la Religion. — Le Pape enseigne qu'en défendant la doctrine et les droits de l'Église, les laïques, loin d'outrepasser leur mission, remplissent un devoir filial, du moment qu'ils combattent sous la direction du clergé. Et par le clergé ce n'est pas tel ou tel Évêque, tels ou tels prêtres qu'il faut entendre ; c'est le Pape et l'Épiscopat ; ce sont les Évêques qui obéissent au Pape, et les prêtres qui obéissent au Pape et aux Évêques.

Voilà les règles de la vraie prudence ; voilà les règles de la vraie et légitime habileté. En dehors de cela, il n'y a que les illusions de la politique humaine, qui perdent les peuples et les gouvernements.

XIV.

« Est-ce qu'en politique on ne peut pas s'en tenir à la célèbre formule, passée en proverbe : *l'Église libre dans l'État libre ?* »

Pas du tout : C'est encore là une de ces brillantes duperies dont le libéralisme est à la fois si prodigue et si friand. — Examinons de près, et voyons ce que recouvre cette devise en apparence si inoffensive, et même si chevaleresque.

L'Église libre dans l'État libre ? — Voyons d'abord « l'État libre », afin de savoir un peu où doit fleurir « l'Église libre ».

Avant tout, qu'est-ce que « l'État » ?

« C'est moi », répond César.

« C'est moi », répond la hiérarchie gouvernementale, quelle qu'elle soit : impériale, royale, constitutionnelle, républicaine.

« C'est moi », hurle le peuple souverain.

« C'est moi », s'écrie chacun des individus-souverains dont l'agrégation constitue la fameuse souveraineté du peuple.

Voilà « l'État » qui veut être libre. Est-ce inoffensif ? Est-ce chevaleresque ?

« L'État libre » ? Quelle est cette liberté que le patriotisme libéral rêve pour l'État ?

L'État serait libre, se sentirait vraiment libre s'il n'avait plus *en rien* l'obligation, et par conséquent le devoir de se subordonner à l'Église, de céder à l'autorité de l'Église, d'obéir à l'Église, d'écouter, de requérir, de pratiquer les directions de l'Église. En un mot, l'État se sentirait et se déclarerait libre, si l'Église voulait bien consentir à ne plus se dire sa mère, et lui permettre de renoncer pour toujours à son titre et à ses devoirs de fils[1]. — Mais c'est tout simplement la société sans DIEU, l'autorité sans DIEU ! En d'autres termes, c'est l'omnipotence païenne de l'État; c'est le despotisme sans frein. La belle perspective, en vérité !

« L'État libre » ? Il est vrai, ce pauvre État rencontre la loi de DIEU, rencontre l'Église à chaque pas; partout il coudoie l'Église. Comme DIEU même qu'elle représente dans le monde, l'Église environne, englobe de toutes parts l'État, c'est-à-dire l'autorité humaine. En pourchassant tous les vices, en enfantant toutes les vertus, en apprenant aux peuples à respecter l'autorité et à lui obéir en tout ce qui est juste, l'Église comble l'État d'inappréciables bienfaits; et, en échange de ces bienfaits, l'État, tel que le rêvent les libéraux, les catholiques-

---

[1] Nous parlons ici des nations chrétiennes. Dans la question du catholicisme libéral, il ne s'agit jamais que de celles-là. Ce sont des questions de famille. — Ce point de vue, trop souvent oublié, est fort important.

libéraux, doit pouvoir dire à l'Église : « Je suis libre, je suis affranchi de ton joug, de tes lois, de tes enseignements, de ton influence ; désormais je me gouverne par mes volontés, et non plus par les tiennes. Je me dirige d'après mes principes, et non plus d'après les tiens. » Donc, l'État des libéraux est libre dans l'Église dès qu'il n'est plus dans l'Église. — Le fond de la devise commence à s'éclaircir terriblement.

Passons maintenant à « l'Église libre. » Qu'est-ce que l'Église? L'Église, c'est le Pape ; c'est l'Évêque ; c'est le Prêtre ; c'est le fidèle, le peuple des fidèles.

« L'Église libre » ? Quelle liberté l'État libre de nos catholiques-libéraux promet-il à l'Église?

Au Pape, la liberté de s'arranger comme il pourra pour protéger ses droits temporels et spirituels, à la condition toutefois de respecter tout ce qu'il plaira à « l'État libre » d'appeler ses droits, ses libertés, ses lois, voire même ses aspirations. Toujours à la même condition, le Pape sera libre de faire ou de ne pas faire des Bulles, de définir ou de ne pas définir des dogmes, de lancer même des excommunications ou de n'en pas lancer ; et « l'État libre » jurera de ne pas plus s'occuper de ces Bulles, de ces définitions, de ces excommunications, que si elles

n'existaient pas ; il se gardera bien d'inviter
personne à en tenir compte. — Le Pape sera
libre.

A l'Évêque, « l'État libre » promet la liberté de prêcher l'Évangile, l'Évangile tel
qu'il l'entend, lui État libre ; la liberté d'é-
crire des Mandements *pieux*, la liberté de
faire ses tournées pastorales, de donner la
confirmation, de consacrer et d'entretenir
ses prêtres, de bâtir ses églises, etc., le tout à
ses frais, et à la condition très-expresse de
ne point « troubler les consciences ». L'État,
l'État libre, se gardera, comme d'un outrage
à la liberté de l'Évêque, de tout ce qui serait
capable d'ajouter quelque chose à l'effica-
cité native de la parole évangélique et du caractère épiscopal. En d'autres termes, pas
un sou, pas un hommage public. — Les
Évêques seront libres.

Au Prêtre, « l'État libre » promet la liberté
de dire la Messe et de réciter l'Office ; la liberté de baptiser, de confesser, de commu-
nier, de marier, de consoler à la mort, d'en-
terrer tout citoyen qui voudra user de la
liberté de le demander. Le Prêtre vivra
comme il pourra, n'offusquera en rien ni le
maire ni l'instituteur, qui sont les agents de
l'État libre. L'État ne fera rien pour entraver
ces libertés du Prêtre, tant que le Prêtre
sera fidèle à ne point sortir de ses fonctions

toutes spirituelles; ce dont l'État libre reste
seul juge, bien entendu. — Le Prêtre sera
libre dans l'État libre.

A chaque fidèle en particulier, au peuple
fidèle en général, l'État libre promet toutes
les libertés qui correspondent aux libertés
du Pape, de l'Évêque et du Prêtre. Il sera
libre de croire ou de ne pas croire aux enseignements du Pape et d'avoir ou non peur
de ses excommunications. Il sera libre de se
faire confirmer, libre d'obéir à l'Évêque, en
tout ce qui ne contrariera point le préfet;
libre de contribuer de sa bourse aux fonda-
tions des églises et peut-être même des
écoles; il sera libre d'avoir la foi, de prier,
de se confesser, d'aller à la Messe, de com-
munier, de faire bénir son enterrement par
un prêtre; libre, bien entendu, en tout ce
qui ne froissera point les très-délicates susceptibilités de l'État sans Dieu, de « l'État
libre » (au fond, c'est la même chose). Et par
contre, chaque citoyen de « l'État libre »
sera parfaitement libre de nier l'existence de
Dieu, en public comme en particulier, dans
les livres, dans les journaux, dans les clubs,
dans les écoles, partout où il voudra; il sera
libre de blasphémer Jésus-Christ, et son
Église, et son Vicaire, et sa sainte Mère, et
ses sacrements, et ses lois et ses institutions.
Au milieu de tout cela, le fidèle sera libre,

l'Église sera libre dans l'État libre. — Pour le coup, c'est clair. Mais, dites-moi, mes amis, est-ce tentant? est-ce bon? est-ce chevaleresque? Je ne vous ferai pas l'injure d'ajouter : est-ce chrétien? est-ce catholique? — Et cependant voilà ce que nous propose, comme un idéal, l'étourderie ou l'aveuglement du catholicisme libéral.

Ce n'est pas tout. « L'Église libre *dans* l'État libre », qu'est-ce à dire?

Est-ce que par hasard l'Église est *dans* l'État? L'Église est universelle; elle embrasse l'univers entier, tous les peuples, tous les États, aussi bien que les siècles. L'État, au contraire, est nécessairement limité; il s'appelle la France, il s'appelle l'Angleterre, il s'appelle la Prusse, l'Allemagne, l'Autriche, la Russie, etc. Il n'y a qu'une Église pour tous, comme il n'y a qu'un Dieu ; et les États ne se comptent pas; de plus, ils commencent, ils changent, ils disparaissent. L'Église ne peut pas plus être *dans* l'État, que le tout dans la partie. Dès lors, que signifie la célèbre, la libérale formule?

Levant le masque, « l'État libre » va nous révéler le fond de sa pensée. « Assez longtemps, dit-il, l'État a été dans l'Église; depuis 1789, l'État s'est émancipé; il n'est plus dans l'Église; c'est désormais l'Église qui, de gré ou de force, sera dans l'État. Elle s'arrangera comme elle pourra ; mais l'État bornera, entourera, enfermera l'Église ; l'État sera le tuteur et le surveillant de l'Église. Les lois de l'État, les principes de l'État, les institutions de l'État, les caprices de l'État formeront l'infranchissable enceinte dans laquelle l'Église aura la *liberté* de se mouvoir. Que si elle s'y heurte, il est entendu qu'elle s'y brisera. »

D'après tout cela, jugez vous-mêmes, mes chers amis, jugez avec votre bon sens, avec votre foi indignée, de ce que sont, au fond, les aspirations libérales, pour peu qu'on les soumette à une analyse sérieuse. Il n'est question que de libertés : libertés pour l'Église, libertés pour l'État ; et au bout du compte qu'y a-t-il ? ou plutôt qu'y aurait-il, si cette belle rêverie venait à se réaliser ? Il y aurait pour l'Église un affreux esclavage, et par conséquent une affreuse persécution, parce qu'elle ne pourrait jamais sacrifier les droits qu'elle tient de Dieu même ; et pour l'État, il y aurait le plus impie des despotismes. L'État libre, l'État du libéralisme, serait l'ennemi mortel de l'Église.

Et voilà pourtant le dessous des cartes de cette formule célèbre qui a séduit, fasciné un si grand nombre d'esprits distingués, de cœurs généreux ! Égarés par le libéralisme, ils acclamaient précisément le contraire de

ce qu'ils aimaient; et c'est avec ce bois
pourri qu'ils se sont flattés de construire l'ar-
.che qui devait infailliblement sauver le
monde moderne.

Pauvres catholiques-libéraux! Ce sont eux
qui ont fourni aux plus perfides ennemis de
l'Église les armes avec lesquelles ceux-ci
nous attaquent aujourd'hui. En Italie, à
Rome, en Espagne, à Genève, à Berne, en
Prusse, quelle est la prétention des « États
libres », si ce n'est la réalisation de la formule
catholico-libérale : *L'Église libre dans l'État
libre?* Après y avoir épuisé les « moyens
moraux », ils y emploient la force brutale.

Et dire que cela n'ouvre pas les yeux à nos
catholiques-libéraux de France, de Belgique, etc.!

Pour vous, mes très-chers amis, ne soyez
point assez myopes pour vous laisser prendre à ces miroirs d'alouettes, aux piéges de
ces belles formules au moyen desquels le
démon attire et perd les esprits imprudents.
L'État ne sera jamais libre, libre de la vraie
liberté, que lorsqu'il prendra pour première
règle de respecter les volontés de Dieu,
telles que les lui enseigne et les lui présente
la sainte Église. En avançant le contraire,
les catholiques-libéraux ne savent ce qu'ils
disent.

XV.

« Soit, répliquera-t-on peut-être. Moi, je
ne suis pas de ces libéraux que condamne
le Saint-Père. A dire vrai, je ne vois pas
même bien ce qu'il veut dire ; et, pour ma
part, je ne connais point ce genre de catholiques-libéraux. Tous ceux que je connais,
et qu'on veut bien appeler *libéraux*, sont des
gens parfaitement raisonnables, qui se tiennent uniquement sur le terrain de la politique, où la Religion n'a rien à faire ; ils se
bornent à réclamer pour le pays les libertés
publiques, sans lesquelles, ils en ont l'intime conviction, il n'y a point de vraie liberté
pour l'Église ».

Illusions et belles paroles que tout cela
Si vous êtes catholique et si, avec cela, vou:
êtes libéral, vous êtes catholique-libéral ; et
si vous êtes catholique-libéral, vous êtes de
ces catholiques-libéraux que condamne le
Chef de l'Église, lequel dit expressément et
à diverses reprises, qu'il entend parler de
vous, de vous, catholiques-libéraux pieux,
et non pas des libéraux impies. Relisez les
Brefs.

Vous ne voyez pas ce que veut dire le Pape !
Comment se fait-il que tout le monde le voit,
excepté vous ?

Vous ne connaissez pas cette espèce de
catholiques-libéraux dont le Pape ne cesse
de réprouver les doctrines et les agissements !
Comment se fait-il que personne ne s'y mé-
prend ? Catholiques et protestants, bons et
mauvais, tout le monde met immédiatement
le doigt dessus, sur les personnes, sur les
journaux, sur les revues, etc. Les catholiques-libéraux des Brefs sont précisément ces
catholiques-libéraux qui prétendent ici qu'il
ne s'agit pas d'eux, qui, jusqu'à ces derniers
temps, étaient fiers de ce nom, et suivaient
les chefs ecclésiastiques et politiques que
chacun sait. On dira tout ce qu'on voudra :
il n'y a pas deux espèces de catholiques-libéraux ; il n'y en a qu'une, et elle est mauvaise.

Ils commencent maintenant à répudier le
nom de libéraux. C'est déjà quelque chose ;
c'est le sens catholique qui commence à do-
miner le non-sens libéral. Mais il ne s'agit
pas du nom seulement ; c'est surtout le fond
qu'il faut laisser là ; le fond, c'est-à-dire les
idées fausses, « le virus caché des principes
libéraux [1] », ce « germe des erreurs qu'ils retiennent et nourrissent obstinément [2] », et
ui n'est autre chose que cette fausse con-
eption, cette conception anticatholique de

[1] Bref de Quimper.
[2] Bref d'Orléans.

la notion de *la liberté* et de la notion de *l'autorité,* ainsi que nous l'avons rappelé plus haut. Ce qu'il faut mettre de côté, c'est cette manière tout humaine, antisurnaturelle, anticatholique de juger et les doctrines et les personnes et les choses ; c'est l'esprit de parti, c'est l'entêtement, c'est, en un mot, tout ce que nous avons signalé dans ce petit opuscule.

Ils se disent « raisonnables », par opposition à nous autres, catholiques tout court, qui sommes toujours, le Pape le premier, des exagérés, des ultramontains, qui perdons l'Église et la France. « Raisonnables » ! C'est raisonneurs qu'ils devraient dire. La vraie raison est inséparable de la vraie foi, de la vraie fidélité catholique. Les catholiques-libéraux n'ont que la prudence humaine à leur disposition ; et c'est pour cela qu'ils perdent toutes les bonnes causes, soit religieuses, soit politiques.

Comme nous l'avons déjà dit, ils ont la prétention de mettre d'un côté l'Église et la Religion, et de l'autre côté la société et la politique. Urgez un peu le système, et logiquement, fatalement, vous arrivez en un instant à ces principes révolutionnaires extrêmes, qu'ils sont les premiers à réprouver. Nous ne saurions trop le répéter : comme toute chose ici-bas, la politique doit être ca-

tholique, c'est-à-dire conforme à la loi de
DIEU et soumise à sa volonté aussi sainte que
souveraine; et le Pape, et les Évêques, et les
prêtres, et après eux tous les chrétiens, ont
le droit et le devoir de rappeler aux gouvernements qui s'en écartent les grands principes de la politique chrétienne et de les ramener ainsi au premier de leurs devoirs.

Ils se bornent, disent-ils enfin, à réclamer
pour le pays les libertés publiques, indis-
pensables, selon eux, à la vraie liberté de
l'Église. Eh, ce sont précisément ces « libertés publiques », idoles du libéralisme,
que le Saint-Siége déclare officiellement
être les ennemies mortelles et de l'Église, et
de la foi, et de la société. Ces fameuses »
libertés publiques », que sont-elles, en effet, sinon les libertés révolutionnaires de
89, c'est-à-dire la liberté de tout imprimer,
la liberté de tout dire, la liberté de l'hérésie
et de la libre-pensée, la liberté des sociétés
secrètes et des clubs, la suppression légale
de l'autorité de l'Église, aussi bien que de
la véritable autorité civile ? Nos libéraux
sont libéraux, précisément parce qu'ils ré-
clament et acclament, comme autant de principes de vie, tous ces principes de mort.
L'Église condamne, repousse ces principes :
eux, ils les admettent, et, oublieux des règles les plus élémentaires de leur foi, ils

pensent que l'Église a tort et qu'ils sont plus clairvoyants qu'elle. Leurs intentions sont bonnes : voilà tout ce qu'on peut dire à leur décharge. Mais, mon DIEU ! quel mal ils font, les ecclésiastiques surtout, avec leur collection d'idées fausses.

Les vraies, les seules vraies et bonnes libertés publiques sont les libertés chrétiennes. Celles-là, l'Église est la première, ou pour mieux dire, est la seule à les réclamer et à combattre pour elles : c'est la liberté de la vérité, c'est la liberté du droit, c'est la liberté de la famille et de la société chrétiennes ; c'est la liberté de l'exercice légitime de l'autorité religieuse, civile, domestique. C'est, en un mot, la liberté de tout ce qui est bon et bienfaisant

XVI.

« Comment donc des hommes de mérite et de savoir, comment de grands chrétiens, et surtout comment des ecclésiastiques et des théologiens ont-ils pu être catholiques-libéraux ?»

C'est d'abord parce que les plus grands esprits sont parfaitement capables de se tromper, surtout lorsque la passion s'en mêle : témoin le grand Bossuet, avec le gallicanisme ; témoin Fénelon, avec le quiétisme. Or, le libéralisme étant, parmi nous, la question brûlante du moment, il n'est pas étrange que la passion s'en soit mêlée et s'en mêle encore.

On conçoit sans peine que des esprits distingués, que des cœurs généreux, épris d'amour pour la liberté, aient pu confondre la vraie avec la fausse, et acclamer le libéralisme, croyant acclamer la liberté. Tel a été le cas du P. Lacordaire et de M. de Montalembert, dont les noms glorieux sont si souvent encore invoqués comme des arguments sans réplique, en faveur du libéralisme. Qui ne rend hommage et à leurs intentions et à leurs talents? Mais, tout en aimant, tout en honorant les personnes, ne sacrifions jamais les principes. En étant catholiques-libéraux, ils se trompaient; voilà tout.

Et puis, remarquons-le bien, parce qu'un homme de mérite et de vertu s'est trompé sur un point, ce n'est pas, DIEU merci! une raison pour que sur le reste il perde de sa valeur. Quand un beau fruit se trouve gâté par un côté, on enlève la partie gâtée, et on garde le reste. Ainsi faut-il faire à l'égard des hommes distingués, ecclésiastiques ou laïques, qui se sont laissé atteindre par les erreurs libérales : admirons, louons, imitons tout ce qu'ils ont de bon et de catholique;

mais rejetons avec soin ce qu'ils ont de libéral, ce qu'ils peuvent avoir d'hétérodoxe.
Nous serons ainsi dans le vrai, et nous ren-
drons à chacun ce qui lui est dû.

C'est précisément en vue du danger qu'in-
spirent aux gens de bien les qualités, les talents et même les vertus privées des chefs
du parti catholique-libéral que le Saint-
Père a parlé dans son célèbre Bref au comité
catholique d'Orléans. Que mes jeunes lecteurs
veuillent bien s'y reporter.

Le « groupe ami » dont parle le Souverain-Pontife n'est autre que l'état-major du
parti catholique-libéral. Pour nous, ils sont
plus dangereux, peut-être, que les impies,
nous dit le Pape : nous nous méfions natu-
rellement des impies ; nous ne pensons pas
à nous méfier d'hommes, intelligents d'ailleurs et plus ou moins pieux, qui font hautement profession de dévouement à la cause
de l'Église.

C'est « un groupe » : ils sont unis, ils
ont des journaux, des organes connus. Ce
n'est qu'un groupe : comme parti proprement dit, ils sont peu nombreux ; mais leur
influence s'étend au loin.

C'est « un groupe *ami* » : ami et ennemi
tout ensemble ; ami, en tant qu'ils sont catholiques ; ennemi, en tant qu'ils sont libéraux,
c'est-à-dire en tant qu'ils admettent l'erreur,

qu'ils font opposition au Saint-Siége, qu'ils divisent profondément les forces catholiques ; et le Pape répète ce qu'il a dit tant de fois déjà, à savoir qu'à ses yeux, ce danger est le pire de tous ceux qui menacent aujourd'hui la société catholique.

Leur doctrine est « équivoque » : elle contient du vrai et du faux, du bien et du mal. Ils adoptent les principes révolutionnaires de 1789, bien qu'ils aient une horreur très-réelle des conséquences extrêmes de ces principes. Ils font comme ce puissant dialecticien qui, dans une dissertation philosophique, disait gravement : « J'adopte le principe ; mais je nie les conséquences. » On avait beau lui démontrer que les conséquences découlaient inévitablement du principe ; il répétait : « N'importe. J'adopte le principe ; mais je nie les conséquences ». Nos catholiques-libéraux, dit le Saint-Père, « tout en repoussant les conséquences extrêmes des erreurs, en retiennent et en nourrissent obstinément le premier germe ». C'est la partie gâtée de la belle poire.

Et d'où vient leur succès auprès du grand nombre ? De ce que, « ne voulant pas embrasser la vérité tout entière, n'osant pas non plus la rejeter tout entière », ils flattent, sciemment ou non, les erreurs du jour et les préjugés à la mode, conservant ainsi

assez de fidélité pour ne pas trop faire peur
aux catholiques, et assez « d'indépendance »
pour rester sympathiques aux mondains,
aux gouvernements, voire même aux protestants et aux libres-penseurs. Libéraux, ils
sont audacieux ; catholiques, ils sont pru-
dents.. De là, le succès des chefs du parti
auprès des esprits peu solides , c'est-à-dire
auprès du grand nombre.

Ils interprètent à leur façon, mais non à
la façon du Saint-Siége, les enseignements
de l'Église, les Encycliques, le *Syllabus*, les
Brefs Apostoliques, les décrets du Concile ;
et, ainsi habillée, la vérité catholique se
trouve ressembler à peu près à l'erreur libérale, à l'erreur qu'ils ne cessent de cares-
ser. De là, je le répète, leurs succès auprès du
grand nombre. Les chefs en sont venus à ne
plus même se douter qu'ils intervertissent
complétement les rôles : au lieu de faire humblement concorder leurs propres sentiments
avec les enseignements de l'Église, ils veulent, bon gré mal gré, plier les enseignements
de l'Église à leurs idées personnelles : « Ils
s'efforcent, dit le Vicaire de Jésus-Christ,
d'interpréter les enseignements de l'Église
de manière à les faire concorder à peu près
avec leurs propres sentiments ; » ils oublient
que c'est l'Église qui est infaillible, et non
pas eux.

Au fond de tout cela, il y a bien de l'orgueil et de l'obstination. « Aujourd'hui encore », ajoute le Saint-Père, aujourd'hui, c'est-à-dire après le *Syllabus*, après le Concile, après les avertissements réitérés du Saint-Siége, « il en est qui adhèrent aux vérités récemment définies *pour éviter la note de schisme* », plus que par véritable soumission, par la soumission du jugement. Est-ce là l'esprit catholique ? et n'est-ce pas surtout le cœur que Dieu regarde ?

Enfin dans ce Bref mémorable, le Pape rappelle à deux reprises que la fermeté de la foi repose uniquement sur « l'adhésion *parfaite* à l'esprit et aux doctrines de la Chaire de Pierre », parce que là seulement se trouve l'infaillibilité de l'enseignement. A cette obéissance pleine et entière au Saint-Siége, il faut joindre sans doute la déférence et le respect dûs à l'Évêque ; mais ce respect et cette déférence doivent laisser intact le premier de tous nos devoirs, à savoir la soumission au Pape, à son autorité suprême, à tous ses enseignements, à toutes ses directions. — A cette condition seulement, nous serons forts. Toujours, nous devons à l'Évêque le respect, la déférence, « *obsequentes* » ; mais nous ne devons le suivre qu'autant que lui-même suit Pierre, l'unique Chef de l'Église, le seul souverain Pasteur

le seul Docteur infaillible. À cause de cela,
il est dit ici : « *Obsequentes* », et non pas
« *sequentes* ».

Oh ! mes bons amis, soyons fortement catholiques ; ne nous laissons pas entraîner
par les sympathies ou, pour mieux dire,
par les préjugés à la mode. Et nous aussi,
répétons l'acclamation d'obéissance et d'a-
mour qui sortit du cœur et des lèvres des
deux cents Évêques réunis à Rome en 1867
pour les fêtes du centenaire de saint Pierre :
« *Petrus solus loquatur ! Petrum solum sequa-
mur !* »

C'est la seule règle sûre ; c'est la seule
règle infaillible.

XVII.

« Mais les catholiques-libéraux sont dévoués à l'Église tout comme les autres. Ils
aiment, ils recherchent la vérité. N'est-on
pas injuste à leur égard ? »

Non ; on n'est pas injuste à leur égard, on
est juste et très-juste. On fait la part de leurs
bonnes intentions ; mais aussi on doit faire
et l'on fait la part de leurs illusions, qui sont
déplorables.

Ils sont dévoués à l'Église : oui ; mais à
leur manière ; et l'Église déclare hautement
que cette manière est absolument fausse et

on ne peut plus dangereuse. Il faut servir
DIEU comme DIEU veut être servi et comme
l'Église nous l'enseigne. Or, pour servir véritablement DIEU et son Église, il faut commencer par lui obéir, en recevant docile-
ment ses directions et en les suivant fidèlement. Les catholiques-libéraux font juste
le contraire : loin de prendre le mot d'ordre de l'Église, ils veulent le lui donner, et
se conduisent en conséquence. Ils la voient
en danger; ils veulent la défendre (ce qui
est fort bien); et pour cela ils lui présentent
des remèdes de leur invention. L'Église exa-
mine ces remèdes, leur déclare qu'il y a du
poison dans le breuvage; et eux, inexplicables
dans leur entêtement, s'obstinent à le lui
présenter, et veulent à toute force le lui faire
boire. Ils l'empoisonnent, croyant la sauver.
Est-ce là du vrai dévouement?

« Ils aiment, ils recherchent la vérité. »
Oui; mais quelle vérité? La leur, celle qu'ils
se sont faite, et non point la vraie, celle de
l'Église, celle de DIEU.

Qu'est-ce, en effet, que la vérité? Où est-
elle? où faut-il la chercher? N'est-il pas de
foi qu'elle est dans l'Église, sur les lèvres
du Chef de l'Église? N'est-il pas de foi que
l'Église, que le Saint-Siége en est l'incorrup-
tible dépositaire et l'interprète infaillible? Là
est la pierre angulaire de l'esprit humain; là,

6.

et non point ailleurs, est le soleil de l'intelligence, de la raison privée et publique. Ce
qui ennoblit, ce qui agrandit, ce qui élève
véritablement les intelligences, c'est de re-
chercher toujours avec une humble soumission la vérité dont l'Église est dépositaire,
dont le Vicaire de JÉSUS-CHRIST est le souverain Docteur. Quoi de plus beau, quoi de
plus logique, quoi de plus vraiment grand
que de voir un noble esprit, et surtout un
grand chrétien interroger l'Église, s'instruire
de sa pensée intime sur tout ce qui touche
à l'ordre spirituel, moral et social, pressen-
tir au besoin cette pensée avec une sollicitude mêlée d'amour, s'en pénétrer, se défier des préjugés et de l'esprit propre, sai-
sir avec avidité les moindres indices de sa
doctrine, et appeler des manifestations toujours plus lumineuses et plus étendues de
cette vérité si bienfaisante?

Au lieu de cela, que voyons-nous, dites-
moi, dans l'école catholique-libérale? Des
hommes souvent distingués par les dons de
l'intelligence, se passionnant pour des opinions purement humaines, essayant par
tous les moyens de l'imposer non-seulement
à leurs coreligionnaires, mais même à l'É-
glise, fermant les deux oreilles à tout ce qui
vient de Rome, interprétant à leur façon les
Actes officiels qui les condamnent, en par-

ticulier l'Encyclique et le *Syllabus*, et se dé-
robant par de misérables échappatoires aux
arguments qui les confondent. Est-ce là aimer la lumière? Est-ce là chercher la vérité?
Est-ce là être vraiment catholique, vraiment
dévoué à l'Église?

On ne peut se défendre d'un profond sentiment de tristesse en voyant des hommes
d'un talent incontestable et d'un cœur généreux employer les plus nobles dons du ciel
au service d'idées personnelles que l'Église
repousse et réprouve hautement.

Généralement peu instruits des principes
de la théologie et du droit ecclésiastique,
qui seuls donnent avec autorité la solution
de ces grands problèmes, les catholiques-libéraux confondent le naturel et le surnatu-
rel. L'école catholique-libérale vogue en
plein naturalisme. Elle oublie le grand fait
qui domine le monde, à savoir que Dieu
ayant, dans son amour institué l'ordre sur-
naturel, c'est-à-dire l'ordre chrétien et catholique, ni les individus ni les sociétés ne
peuvent, sans manquer à leur premier devoir, se refuser à y entrer, ni se contenter de
demeurer dans l'ordre purement naturel.

Jésus-Christ, qui est le seul vrai Dieu, étant
le Seigneur et le Maître de toutes choses, les
sociétés non moins que les individus lui doivent, sous peine de forfaiture et de répro-

bation, leur foi pleine et entière, leur soumission, leur amour; et comme son Église est
son Envoyée au milieu des nations , à travers
les siècles, toute créature humaine, depuis le
prince jusqu'au dernier de ses sujets, doit à
l'Église ce qu'elle doit à Jésus-Christ lui-
même. « *Celui qui vous écoute, m'écoute; celui*
« *qui vous méprise, me méprise; celui qui vous*
« *reçoit, me reçoit!* »

Le devoir de toute société, comme de tout
individu, est donc de se pénétrer de l'esprit
catholique, de se conformer dans ses lois et
dans ses institutions aux principes de l'Église.
Toutes les révolutions du monde n'y font rien;
les devoirs des sociétés ne changent pas plus
que les droits de Jésus-Christ et de son Église.
C'est là ce que le Saint-Siége ne cesse de rappeler à nos sociétés égarées; c'est là ce que le
grand Pontife de notre siècle a solennellement
proclamé dans cette immortelle Encyclique et
dans ce *Syllabus* mille fois béni, qui consti-
tuent une magnifique revendication du droit
catholique et un admirable code de civilisation chrétienne.

Et c'est là aussi, ajoutons-le avec douleur,
ce que ne veulent pas encore reconnaître les
catholiques-libéraux. Sciemment ou non, ils
dédaignent, ils repoussent le droit catholique,
qui est d'institution divine; et, d'accord en
cela avec les révolutionnaires, ils substituent

au droit divin un prétendu droit humain, qui
varie suivant les caprices des temps et des
peuples.

Quand viendra donc le jour où tous les
catholiques, vraiment dévoués à l'Église, vraiment soumis à JÉSUS-CHRIST et à son Vicaire,
iront chercher la vérité là où elle est, à Rome,
au pied de la Chaire de saint Pierre, et non
point en France, ni en Belgique, ni en Allemagne, ni en Angleterre, ni même en Amé-
rique? Ce jour-là, dont nous saluons l'aurore,
il n'y aura plus de libéraux, du moins de
catholiques-libéraux. Alors, tous les chrétiens, tous les enfants de l'Église sans exception, ayant enfin renoncé aux divisions qui
les affaiblissent aujourd'hui, accepteront
dans son intégrité l'enseignement du Vicaire
de DIEU; ils s'inspireront en particulier des salutaires vérités contenues dans l'Encyclique
et le *Syllabus;* ils feront de ces vérités la règle
non plus seulement de leur conduite privée,
mais encore et surtout de leur vie publique.
Alors, mais alors seulement triomphera la
cause de la vérité.

Jusque-là, combattons les catholiques-libéraux avec autant d'énergie que les libéraux révolutionnaires. Rappelons-nous que
c'est le Pape qui l'a dit : En un sens, les premiers sont plus dangereux pour nous que les
seconds.

XVIII.

« Mais enfin, malgré leur libéralisme,
les catholiques-libéraux sont catholiques;
et traiter ainsi des catholiques, n'est-ce pas
manquer de charité? »

Un moment! Ce n'est pas des catholiques-
libéraux, qu'il est question ici, mais du catholicisme libéral; ou, ce qui revient au
même, ce n'est pas des catholiques en tant
qu'ils sont catholiques, mais en tant qu'ils
sont libéraux.

En outre, mes chers amis, si, dans nos appré-
ciations sur cette brûlante matière, nous nous
prenons en flagrant délit de désaccord avec
le Souverain-Pontife, rappelons-nous aussi-
tôt que c'est sa pensée qui doit juger et réfor-
mer la nôtre, et non la nôtre qui doit se permettre de juger la sienne. L'enseignement
du Chef de l'Église est la règle vivante de la
foi. Ici, comme partout et toujours, à lui
d'enseigner, à nous de soumettre notre jugement; à lui de juger la doctrine, à nous de
l'accepter avec foi, avec reconnaissance.

Vis-à-vis des catholiques-libéraux, le Chef
de l'Église ne blesse pas plus la charité qu'il
ne blesse la vérité. Ne perdons pas de vue
la belle maxime du très-doux et très-catholique saint François de Sales : « C'est cha-

rité que de crier au loup quand il est entre
les brebis, n'importe où qu'il soit [1]. » Il
est vrai, le bon Saint parle ici des ennemis
déclarés de l'Église; mais le Pape juge et
déclare que pour être voilés et enveloppés
de catholicisme, les libéraux n'en sont que
plus dangereux.

Et à cette occasion, à l'occasion de cette
épithète de peste très-pernicieuse, qui in-
digne les demi-chrétiens, résumons briève-
ment la thèse catholique [2].

XIX.

Résumé de la thèse : le libéralisme catholique est « une peste très-pernicieuse. »

Le libéralisme catholique « est une peste
très-pernicieuse », c'est-à-dire une maladie
mortelle, parce qu'il est une erreur très-
grave contre une grande vérité révélée. Il
est hérétique en son fond, puisqu'il nie
sous mille formes les droits de DIEU, de
son Christ et de son Église sur les sociétés
humaines. Il attribue aux gouvernements le
droit de mettre leurs lois et leur politique

---

[1] *Introduction*; liv. III, chap. XXIX.
[2] J'extrais le fond de ce résumé d'un remarquable travail
publié par le savant et infatigable Père RAMIÈRE, dans *le
Messager*, janvier 1874.

en opposition avec les lois, avec les volontés
de Jésus-Christ. Nier cette souveraineté *sociale* du Fils de Dieu, n'est-ce pas équi-
valemment nier sa divinité ? Nier ce droit et
cette mission supérieure de l'Église, n'est-ce
pas nier directement sa mission divine ?

Le libéralisme est « une peste très-pernicieuse », parce qu'il s'étend à tout, et fait
pénétrer partout le virus hérétique des doctrines protestantes et révolutionnaires. Il
commence par altérer la Religion ; il pour-
suit son œuvre délétère en philosophie, où
il enfante l'ontologisme ; il s'épanouit dans
la politique avec ses fatales illusions, avec
son impuissance pour le bien ; il se révèle en
tout, dans l'éducation, dans l'enseignement,
dans la famille, dans l'individu. Et ainsi il
touche à une multitude d'âmes, qu'il dété-
riore, quand il ne les perd pas complète-
ment.

«Les autres hérésies, dit un grand penseur
cité par un grand Évêque [1], les autres hérésies ont pu se circonscrire ; mais le libéralisme, prenant tous les noms de la vérité
(progrès, lumière, liberté, égalité, fraternité,
loi, civilisation, etc.), apparaît chez les peuples sous un déguisement tel que, si Dieu

---

[1] M. Blanc Saint-Bonnet, dans son beau livre de *la Légi-
timité*, cité par Mgr l'Évêque de Poitiers.

ne vient pas renverser cette grande imposture, c'est elle qui achèvera la ruine de la France et de la chrétienté. »

Le libéralisme est « une peste très-pernicieuse » par ses tendances, et c'est par là surtout qu'il exerce ses ravages dans les rangs de la jeunesse catholique. Aucun catholique ne pense à nier en théorie le droit souverain de JÉSUS-CHRIST et de son Église sur les sociétés ; mais en pratique, lorsqu'ils sont atteints de libéralisme, les catholiques se conduisent en vrais libéraux : au lieu de défendre, comme c'est leur devoir, le droit de JÉSUS-CHRIST et de son Église, ils sont toujours prêts à le sacrifier, au nom de la politique, au nom des nécessités du temps, au nom de l'opinion publique, au nom des faits accomplis. On les voit revendiquer, au moins indirectement, pour les ennemis de la foi, la liberté d'attaquer l'Église, et ils mettent une sorte de générosité chevaleresque à soutenir les prétendus droits de l'erreur et à réclamer pour les ennemis de DIEU des priviléges égaux à ceux de ses serviteurs. Ils feront, comme hommes publics, des actes qui impliquent la négation de ce qu'ils croient comme hommes privés. De pareilles tendances, conséquences logiques des principes catholiques-libéraux, peuvent-elles, je

7

le demande, se concilier avec la foi d'un vrai chrétien? Un même homme peut-il avoir deux consciences? et ce qui est faux pour l'homme privé peut-il être vrai pour l'homme public?

Le libéralisme catholique est « une peste très-pernicieuse » parce qu'il affaiblit et paralyse les défenseurs de l'Église et du droit. Où réside la force de l'armée catholique? N'est-ce point dans sa foi, dans l'énergie indomptable de sa foi? Or, le libéralisme est une des principales causes de l'affaiblissement de la foi parmi nous. Il ébranle la foi dans les âmes, en les accoutumant à voir l'erreur marcher de pair avec la vérité. Du moment qu'on accorde à l'une et à l'autre des droits égaux, on les rabaisse l'une et l'autre au rang de simples *opinions*. Le libéralisme réduit la foi d'un grand nombre de chrétiens à un peut-être, à une probabilité humaine, à une opinion plus ou moins respectable. Rien de plus commun aujourd'hui, grâces aux ravages du libéralisme, que d'entendre des chrétiens, voire même des Religieux et des prêtres, parler d'*opinions religieuses*. Elles font le pendant des opinions politiques. Il n'est plus guère question de la vérité. Le libéralisme la sacrifie systématiquement au droit (!) de la majo-

rité, ou encore à ce qu'il appelle « la charité. » Il énerve le christianisme.

Le libéralisme est « une peste très-pernicieuse» parce qu'il met la division parmi les
catholiques et les gens de bien. L'Église repose sur l'unité, non moins que sur la vérité. Le catholicisme libéral tend à briser
l'unité, en même temps qu'il sape la vérité.
Il attire sous ses drapeaux multicolores une
partie des catholiques, tandis que les autres
restent fidèles au drapeau immaculé de la
vérité et de l'obéissance, au drapeau du
Saint-Siége. De là, deux partis dans le sein
de l'Église; de là, des divisions, des troubles
sans fin. Les catholiques fidèles protestent,
comme ils le doivent, contre les concessions
faites à l'erreur et à l'esprit du monde.
D'autre part les catholiques-libéraux, qui
croient sauver l'Église en transigeant avec
ses ennemis, accusent leurs adversaires de
la perdre par leurs « exagérations» ; ils crient
à l'intolérance, à l'entêtement, à l'aveuglement. Ils osent même faire remonter leur
blâme jusqu'à nos Évêques, jusqu'au Souverain-Pontife (le *Syllabus* et le Concile l'ont
prouvé), les accusant à demi-voix de perdre
l'Église.

Que si, comme il arrive dans toute ba-
taille, quelques-uns des défenseurs de l'or-

thodoxie et du Saint-Siége ne mesurent pas
toujours mathématiquement la portée de
leurs coups, s'ils font un faux mouvement,
surtout s'ils ont le malheur de frapper un
peu trop fort, on poursuivra cette exagération de zèle chez des frères avec bien plus
de rigueur que l'hostilité ouverte des ennemis.

Et l'on verra alors cet étrange et désolant
spectaclé : des catholiques fervents qui, à
l'église, sont réunis avec leurs frères au
pied du même autel, où ils participent au
même Pain céleste, et qui, hors de l'église,
se montrent à leur égard plus passionnés,
plus aigres, plus injustes, plus impitoyables
qu'ils ne le sont envers les hérétiques et les
athées. Combien ces scandaleuses divisions
font de mal à la cause de Dieu !

Et à qui la responsabilité ? au zèle des
catholiques purs ? au courage des défenseurs
de la vérité ? Évidemment non. Est-ce à quelque mauvaise intention des catholiques-libéraux ? Pas davantage ; la plupart se trom-
pent de bonne foi. Où est donc le coupable ?
Écoutez le Pape qui nous le dit hautement :
le coupable, c'est le libéralisme catholique.
Oui, voilà la peste qui, après avoir altéré la
vérité dans les esprits, se répand au dehors
pour briser l'unité des cœurs et des efforts.

Le libéralisme est « une peste très-pernicieuse », parce que là où il règne, il rend impossible le salut de la société. Il atteint la
vie de la société à sa racine même ; comme
le phylloxera, qui tue la vigne par la racine.
« Le grand péril et le grand mal de nos
sociétés, c'est que, dans l'ordre des choses publiques et sociales, les fidèles, et trop
souvent les prêtres de notre génération,
ont cru que, même en plein christianisme, on pouvait observer la neutralité et
l'abstention vis-à-vis de la foi chrétienne,
comme si JÉSUS-CHRIST n'était pas venu ou
avait disparu du monde. Or quiconque pro-
fesse et pratique une pareille théorie, se condamne à ne rien pouvoir absolument pour
la guérison et le salut de la société. Si nous
n'avons pas réussi à chasser le mal intérieur
qui nous mine, qui nous dessèche, qui nous
tue, c'est que, tout en ayant la foi privée,
nous avons accepté notre part de l'infidélité
nationale ; c'est que, quand JÉSUS-CHRIST,
par l'organe infaillible de son Vicaire et de
son Église, a condamné une doctrine sociale comme erronée et pernicieuse, nous
l'avons préconisée comme nécessaire ; quand
il a enseigné une chose, nous avons à peu
près invariablement fait le contraire. Là est
la cause de notre impuissance [1]. »

[1] Mgr l'Évêque de Poitiers ; homélie du 25 novembre 1873.

Ce mal, qui n'est autre que le catholicisme libéral, paralyse jusqu'aux bonnes œuvres, jusqu'aux prières et aux pénitences qui s'élèvent de toutes parts vers le trône de la miséricorde divine, pour implorer le pardon et le salut. Comment Notre-Seigneur sauverait-il une société résolue à se passer de lui, à contredire ses enseignements, à méconnaître et à violer ses droits ? Le secours temporel de DIEU peut-il être légitimement invoqué contre son propre Fils, contre son autorité et contre son empire ?

Si, au fond de nos prières et de nos pèlerinages, de nos jeûnes et de nos bonnes œuvres, on retrouve toujours nos mêmes obstinations ; si, tout en priant et en faisant l'aumône, nous soutenons opiniâtrément les mêmes systèmes condamnés par l'enseignement et par les définitions de l'Église ; si nous caressons toujours les mêmes préjugés, si nous adorons toujours les mêmes idoles, les fausses libertés, les mortels principes de 89, ravivés en 1830, glorifiés en 1852 et depuis, nos prières demeureront nécessairement stériles : et la sagesse, la sainteté et la justice de DIEU lieront les mains à sa miséricorde.

L'*Imitation* dit à ce sujet une parole profonde qui s'applique aux sociétés plus encore, s'il se peut, qu'aux individus : « Il vaut mieux choisir d'avoir contre soi le monde entier, que d'avoir devant soi Jésus offensé. » Or, dans l'état où le libéralisme a réduit notre pauvre société moderne, c'est « Jésus offensé », qu'elle a devant elle, Jésus mis hors la loi. De là ces impossibilités que personne ne sait vaincre, et contre lesquelles les hommes, quels qu'ils soient, viennent s'user et se briser les uns après les autres.

Tant que l'on ne reviendra pas socialement, politiquement au Roi Jésus et aux salutaires directions de son Église, on aura beau prier, on aura beau faire des bonnes œuvres, le salut sera radicalement impossible. La main libérale détruira au fur et à mesure ce qu'aura édifié la main catholique.

Comme le mulet, animal métis, le libéralisme catholique, doctrine métis, fruit de l'esprit faux et de la fausse charité, est infécond, frappé de stérilité, et, qui pis est, stérilise tout ce qu'il touche.

Le libéralisme catholique est « une peste très-pernicieuse », parce qu'il place à la base de nos institutions publiques des principes dont les conséquences extrêmes, rigoureusement logiques, aboutissent à des horreurs. Le principe fondamental du libéralisme peut se résumer ainsi : *vis-à-vis de la loi, l'erreur a les mêmes droits que la vé-rité.*

De là sort « la liberté de penser », qui peut se formuler ainsi : J'ai le droit de penser tout ce que je veux, de croire tout ce que je veux, de nier tout ce que je veux. J'ai le droit de croire qu'il n'y a pas de DIEU, que je n'ai pas d'âme, que le vol est permis, qu'il n'y a pas plus de mal à tuer un homme qu'un poulet.

De là sort « la liberté de conscience » : Toutes les religions ont un droit égal au respect et à la protection de la loi. Même respect, même protection pour l'Évangile et pour l'alcoran. Même respect pour le chrétien qui adore JÉSUS-CHRIST et pour le juif qui le blasphème. Même respect pour le catholique qui vénère la sainte Eucharistie, et pour le huguenot qui la foule aux pieds. Même respect pour le martyr et pour son bourreau.

De là sort « la liberté de la parole » : J'ai le droit de dire tout ce que je pense, et personne n'a le droit de retenir ma parole sur les lèvres. J'ai le droit au blasphème. M'empêcher de louer DIEU et m'empêcher de l'insulter sont, l'un comme l'autre, un attentat à ma liberté, et par conséquent un crime.

De là sort « la liberté de la presse » : Tout ce que j'ai le droit de dire, j'ai le droit de l'imprimer et de le publier. Le premier apostat venu a le droit d'écrire que Jésus-Christ n'est pas Dieu, et nul homme, nul pouvoir n'a le droit d'arrêter son livre ou son journal.

De là sort « la liberté d'action » : J'ai le droit de faire tout ce que je veux, et de mettre en pratique tout ce que je pense, à la seule condition (encore parfaitement arbitraire) d'être en règle avec la police.

Assurément tous les catholiques-libéraux, et non-seulement eux, mais tous les honnêtes gens, repoussent avec indignation ces absurdes et horribles folies ; mais ils admettent bel et bien les principes d'où elles découlent, et, dans les bas-fonds de la société, il ne manquera jamais de terribles logiciens qui les tirent.

Enfin, le libéralisme catholique est une peste, « une peste très-pernicieuse », parce que les catholiques qui en sont atteints deviennent eux-mêmes, bon gré mal gré, les auteurs de toutes les ruines publiques. Partout et toujours, l'histoire moderne le démontre, ce sont les illusions et les défaillances des gens de bien qui ont préparé les voies aux excès révolutionnaires. Tout 89 porte dans ses flancs un 93, comme la fleur porte en elle-même le fruit en germe. Le libéra-

7.

lisme, c'est la Révolution en fleurs; la déma-
gogie et l'anarchie sont la Révolution dans
son fruit.

La Révolution s'est discréditée elle-même
par les désastres qu'elle accumule depuis un
siècle; elle est convaincue de nous avoir
fait autant de mensonges que de promesses;
ses adeptes les plus ardents sont les premiers à la déclarer en banqueroute. Le moment serait donc venu de secouer son
joug, pour revenir à l'ordre chrétien. Le
bon Dieu a beau aplanir les voies, préparer
toutes choses : qui donc nous empêche de
ressusciter à la vraie vie catholique, à la
vraie vie sociale et politique? Qui? Ce ne
sont pas les forcenés de la Commune; ce
ne sont pas les ennemis. déclarés de la Religion et de la société : ce sont les chrétiens
à idées fausses, les prétendus hommes d'ordre, qui conservent et proclament les principes de cette même Révolution dont ils
combattent les violences; ce sont les révolutionnaires modérés, ce sont les catholiques-libéraux. La Révolution doctrinale, le
libéralisme retient l'enfant prodigue qui
veut reprendre le chemin de la maison paternelle; qui veut jeter loin de lui les hail-
lons de la licence, pour reprendre le blanc
vêtement de la liberté; qui veut échapper
au joug déshonorant du despotisme ou de

l'anarchie., pour se remettre, paisible et confiant, sous la main paternelle de l'autorité.

Et comment le libéralisme le retient-il ainsi? C'est qu'il n'est pas autre chose que la doctrine de la Révolution ; comme la Révolution est la pratique extrême, mais logique, du libéralisme. Si la Révolution n'avait pour elle que ses violences, ses triomphes ne pourraient être que passagers : c'est par ses doctrines que se perpétue son empire ; et ce sont les fauteurs de ces doctrines, surtout quand ils sont honnêtes et religieux, en d'autres termes, ce sont les libéraux-catholiques qui, en dépit de leurs bonnes intentions, opposent à la résurrection chrétienne de la société une barrière infranchissable.

Partout, en France comme dans toute l'Europe chrétienne, la force principale de la Révolution réside dans l'appui que les hommes d'ordre prêtent à ses principes, beaucoup plus que dans la rage avec laquelle les hommes de désordre en déduisent les conséquences. Le libéralisme est le poison qui tue : l'anarchie est la décomposition qui suit la mort.

Et combien d'hommes d'ordre sont dans ce cas! Plus de quatre-vingt-dix sur cent. Pas un d'eux ne voudrait mourir sans sacrements; tous ils ont la foi, bien qu'ils ne la pratiquent pas tous et toujours. Ils sont donc catholiques; oui, mais ils sont plus libéraux encore; et c'est pour cela qu'ils font, sans le vouloir et quelquefois même sans le savoir, l'horrible, l'incalculable mal que nous venons d'exposer.

Je le demande donc à tout homme de foi et de bonne foi, le docte et très-catholique Évêque de Poitiers avait-il raison de s'écrier dans une de ces incomparables homélies qui prennent parfois l'importance d'un événement : « O vous, qui n'avez rien de commun avec l'impiété des libéraux révolutionnaires, mais qui professez les doctrines du catholicisme libéral irrévocablement inscrit au catalogue des erreurs condamnées par l'Église, prenez-y garde : ce n'est pas *à côté* du fondement chrétien, c'est *sur* ce fondement même que doit s'élever l'ordre. Hors de là, c'est l'ébranlement, la caducité, la chute; c'est le désordre, l'anarchie, et, par suite, c'est le retour inévitable au régime du despotisme que vous êtes condamnés à ramener tout en le maudissant[1]. »

Tels sont, mes amis, les fruits empoisonnés du libéralisme catholique. D'après les fruits, jugez de l'arbre.

---

1 Noël 1873.

XX.

« En pratique, que faut-il donc faire? »

C'est fort simple : il faut être catholiques de la tête aux pieds, catholiques dans nos idées et dans nos jugements, catholiques dans nos sympathies, catholiques dans nos paroles, catholiques en tout et partout, dans nos actes publics comme dans notre conduite privée.

Et comme la première condition requise pour être catholique, c'est d'être véritablement et pleinement soumis au Vicaire de Dieu, Chef suprême de l'Église et règle vivante de la vraie foi, notre premier soin doit être d'éviter, comme le feu, tout ce qui pourrait diminuer ou altérer le moins du monde le religieux respect et l'obéissance absolue à l'égard du Saint-Siége. Ce point est d'une importance majeure. Dans nos études, dans nos discussions, dans nos lectures, dans nos conférences, dans nos liaisons mêmes, nous n'y faisons pas assez attention; et de là vient que nous nous laissons parfois entamer.

« Pour vous, chers fils, nous dit le Saint-Père, souvenez-vous que, sur la terre, le Pontife Romain tient la place de Dieu, et que dès lors, en tout ce qui concerne la foi, la morale et le gouvernement de l'Église, il peut dire avec le Christ : « *Quiconque ne recueille pas avec moi, disperse.* » Faites donc consister toute votre sagesse dans une obéissance absolue et dans une libre et constante adhésion à la Chaire de Pierre [1]. »

A cette pierre de touche infaillible, nous pourrons aisément reconnaître l'or pur et le discerner du cuivre doré. Toute doctrine qui s'écarte *en quoi que ce soit* de l'enseignement de Rome doit être par cela même suspectée ; et non-seulement suspectée, mais repoussée ; et non-seulement repoussée, mais combattue. C'est là « le bon combat de la foi », dont parle l'Apôtre saint Paul, et auquel nous sommes tous appelés à prendre part, les uns comme chefs : ce sont les prêtres ; les autres comme simples soldats de JÉSUS-CHRIST : ce sont les laïques.

XXI.

« Mais que faire tout spécialement pour nous garantir de ce que le Saint-Père appelle le virus des opinions catholiques-libérales. »

D'abord ne lisez pas, ou ne lisez qu'avec une extrême précaution les journaux, revues

---

1 Bref aux Milanais.

et brochures du parti. Le journal, en particulier, est une goutte d'eau quotidienne qui peu à peu creuse la pierre et corrompt l'esprit. L'expérience le démontre chaque jour. Si vous voulez échapper au libéralisme catholique, évitez les journaux libéraux-catholiques. Et notez que les plus dangereux sont ceux dont les formes sont plus modérées, plus douceâtres.

Par contre, lisez fidèlement, puisque hélas ! il faut lire quelque journal, lisez l'une des rares feuilles publiques qui prennent pour première règle de se conformer en tous points à la lettre et à l'esprit des enseignements du Saint-Siége. Ne vous laissez point arrêter par les amères et injustes critiques dont elles sont l'objet. Si on les déteste tant, c'est qu'elles n'entendent point pactiser avec les erreurs à la mode ; c'est qu'elles les dépistent et leur font la chasse dès que passe le bout de l'oreille ; c'est qu'elles déjouent avec une inopportunité très-désagréable les complots, les habiletés de l'ennemi ; c'est qu'elles ne savent point flatter l'opinion publique, comme le font chaque jour les feuilles libérales, et qu'elles sont prêtes à tout plutôt que de reculer d'une semelle lorsqu'il s'agit de défendre la vérité, le droit, les principes, la cause du Pape et de l'Église.

Puis, instruisez-vous sérieusement et solidement sur les principales questions qui sont
à l'ordre du jour, allant chercher la lumière
là où elle est, c'est-à-dire dans des livres ouvertement catholiques-romains, où le faux
ne soit point mêlé au vrai, où l'eau de la
vérité soit pure et limpide. L'ignorance de
la vraie doctrine catholique est presque
toujours le *flambeau* des thèses libérales.

Cette ignorance enfante une illusion des
plus communes, qui laisse les jeunes gens
s'enfoncer chaque jour davantage dans le
libéralisme, sous le spécieux prétexte qu'ils
ne s'occupent pas des questions de doctrine, qu'ils n'y entendent rien, qu'ils laissent cela aux prêtres, aux théologiens, etc.
Ils restent systématiquement libéraux en
pratique, sous prétexte qu'ils ne le sont pas
en théorie. Gardez-vous de cette illusion.
Elle vous inféoderait au parti libéral; et,
quoi qu'on en dise, elle vous inoculerait par
tous les pores « le virus des opinions catholiques-libérales. »

Enfin et surtout, méfiez-vous grandement
des ecclésiastiques imbus de libéralisme.
Un prêtre catholique-libéral fait à lui seul
plus de mal que cinq cents laïques. En matière de doctrine, la parole d'un laïque a
d'ordinaire peu de poids; mais pour le
prêtre, c'est tout autre chose. Dieu a dit,

en effet : « *Les lèvres du prêtre garderont la science, et c'est de sa bouche qu'on apprendra à connaître la loi.* » Or, que fait le prêtre libéral? A ceux qui lui demandent la vérité, il dispense l'erreur; et quelle erreur? celle que le Souverain-Pontife déclare hautement être plus à redouter pour les catholiques de ce temps-ci, que les blasphèmes révolutionnaires eux-mêmes. « Le plus grand malheur qui puisse arriver à un chrétien laïque, disait récemment Pie IX à un de nos Évêques, c'est d'avoir pour conseiller et pour ami un prêtre imbu de mauvaises doctrines. Un prêtre qui a de mauvaises mœurs, on le méprise, on le repousse; mais un prêtre qui a de mauvaises doctrines, il vous séduit d'autant plus facilement que ses opinions flattent les idées du jour. »

Mes amis, mes chers amis, ne vous laissez point éblouir, par l'éclat des noms propres et des belles réputations. Aux ecclésiastiques catholiques-libéraux manque le premier de tous les mérites, celui d'une foi pure et d'un jugement solide. Tout ce qui brille n'est pas or : en pareille matière, c'est littéralement vrai.

Le petit nombre des hommes d'Église qui, emportés par la vanité et par l'esprit d'indépendance, ont le malheur de patronner le libéralisme catholique, sont ou des esprits de travers ou des ambitieux, qui peuvent avoir du brillant, mais qui n'ont ni la vraie science, ni le véritable esprit de l'Église.

Méfiez-vous des ecclésiastiques libéraux, quels que puissent être d'ailleurs leur talent, leur zèle. S'ils font un peu de bien d'un côté, ils font trois fois plus de mal de l'autre : on les a vus à l'œuvre, à l'époque du Concile. Ils n'étaient guère gallicans que parce qu'ils étaient libéraux. Aujourd'hui, s'il n'y a plus de gallicans, les libéraux sont encore là ; et, sauf d'honorables mais trop rares exceptions, leur esprit est demeuré le même. Soumission n'est pas toujours conversion. Après tous les avertissements tombés des lèvres du Pape, avertissements nécessairement connus du clergé, il leur faudra une rude bonne foi pour être excusés au tribunal de Dieu.

XXII.

« Un mot encore : pourquoi dans toutes ces pages, vous adressez-vous aux jeunes gens ? Est-ce que ces vérités ne regardent pas les vieux au moins autant que les jeunes ? »

Sans doute ; mais les vieux sont si souvent incorrigibles ! Il est facile de redresser un jeune arbre qui ne pousse pas droit : essayez donc d'en faire autant à un vieux qui a poussé de travers !

L'esprit du jeune homme est presque toujours aussi honnête, aussi sincère, aussi vrai que son cœur est bon et généreux. C'est pour cela que je vous parle ici de préférence, mes bons et chers amis. J'ai la confiance qu'après avoir lu sérieusement et devant DIEU mon petit travail, pas un d'entre vous ne sera désormais capable de se laisser infecter, à un degré quelconque, de la peste du catholicisme-libéral. Ce sera votre salut, et le salut de bien d'autres.

Que DIEU vous garde en la pureté de la foi et en la sainteté de son amour !

ÉPILOGUE.

A l'occasion des premières éditions de ce petit opuscule, un prêtre qui, depuis vingt-cinq ans, se consacre tout entier et avec grande bénédiction au salut des jeunes gens, m'écrivait ces quelques lignes, par où je termine :

« Nous ne saurions trop insister, nous autres prêtres, dispensateurs de la doctrine et directeur des consciences, sur les causes qui engendrent le libéralisme chez nos jeunes gens. Il y en a principalement trois : le demi-savoir, l'orgueil et l'esprit faux.

« Le demi-savoir en matière de religion : les jeunes gens se font trop souvent un catholicisme de fantaisie, blasphèment ce qu'ils ignorent, et, sans s'en douter, tombent dans de graves erreurs, qui sont au fond de véritables hérésies.

« L'orgueil : ils n'ont plus le sens de l'obéissance catholique, laquelle est la base de la foi, et par conséquent du salut. Ils sont constamment à la recherche de détours, d'excuses, de prétextes de toutes sortes pour échapper au devoir d'obéir. Or, il faut obéir au Pape, comme il faut obéir à Jésus-Christ, dont le Pape tient ici-bas la place ; et de même qu'on ne peut pas trop obéir à Jésus-Christ, de même on ne peut pas trop obéir au Pape. Le jeune catholique-libéral ne comprend rien à tout cela. En dehors de ce qu'il s'imagine être le strict nécessaire, il n'entend relever que de lui-même.

« L'esprit faux : à force de lire des journaux bâtards, des revues et des livres semi-catholiques, à force de fréquenter les gens du parti et de se moquer des autres, ils ont fini par se fausser tellement l'esprit, que leur maladie devient quasi-incurable.

« Ces trois causes produisent également l'entêtement, l'entêtement qui est le caractère distinctif de toutes les erreurs. Il y a une ressemblance frappante entre le jansénisme du dix-septième siècle et le libéralisme du dix-neuvième : même esprit de chicane, même orgueil pieux, même obstination à ne pas tenir compte des avertissements et enseignements du Saint-Siége, même cénacle de femmes, mêmes coteries de soi-disant grands hommes et de soi-disant grands écrivains, même fanatisme pour quelques Évêques aux dépens du Pape et de l'Épiscopat. C'est la peste en personne, comme l'a répété plusieurs fois notre grand et saint Pie IX. Mais c'est une peste à la mode, une peste aristocratique, en gant beurre frais, en ju-

pons de soie ; c'est la peste des beaux-esprits.
Comme du temps de Port-Royal , c'est un
besoin de bruit, de renommée, de clinquant ;
une tactique de se poser en victimes incom-
prises et persécutées ; un art incroyable pour
séduire et attirer à soi surtout les jeunes gens
et les femmes du monde.

« Le demi-savoir, l'esprit faux et l'entêtement, voilà pour le docile troupeau, pour
les moutons ; l'orgueil, avec toutes ses au-
daces et ses subtilités, voilà pour les chefs.

« Insistez là-dessus. C'est fâcheux pour
qui se fâchera ; mais c'est vrai, très-vrai, trop
vrai.

« Comme il est plus facile et plus vite
fait de dire : « Je crois fermement. tout ce
« qu'enseigne l'Église, tout ce que disent les
« Brefs et les Encycliques du Saint-Père ! »

APPENDICE.

Au moment où commençait le tirage de ce
petit opuscule, a paru l'édition romaine, « auto-
risée et revue par le Saint-Père », des Allocu-
tions prononcées au Vatican depuis le 20 sep-
tembre 1870. Quelques variantes, non dans le
fond, mais dans la forme, de la célèbre Allocution

du 18 juin 1871, citée en partie à la page 5, nous ont paru mériter d'être mises sous les yeux du lecteur. Ces graves paroles ont été niées si catégoriquement par le parti catholique-libéral, que la reproduction du texte *authentique* ne paraîtra pas superflue ici.

Voici les propres paroles du Souverain-Pontife à la députation française. Sa Sainteté s'exprimait en français :

« ... Vous savez combien j'aime la France. Je puis donc vous dire franchement la vérité. Il est même nécessaire que je vous la dise.

« L'athéisme dans les lois, l'indifférence en matière de religion, et ces maximes pernicieuses qu'on appelle *catholiques-libérales*, voilà, oui voilà les vraies causes de la ruine des États, et ce sont elles qui ont précipité la France. Croyez-moi, le mal que je vous signale est plus terrible encore que la Révolution, que la Commune même ! »

Ici le Saint-Père porta les mains à son front, et, avec un mouvement qui indiquait un amer chagrin mêlé à une profonde indignation, il dit :

« J'ai toujours condamné *le libéralisme catholique* (puis, levant les mains et les agitant, il ajouta avec vivacité et avec force), et je le condamnerais quarante fois encore s'il le fallait.

« A ce propos, je me souviens d'un Français qui avait une place élevée, et que j'ai connu de

près ici, à Rome; j'ai eu même occasion de
parler avec lui, et il me faisait de grands compli-
ments. C'était ce que l'on appelle un homme distingué, honnête, qui pratiquait sa religion et se
confessait. Mais il avait des idées étranges et
certains principes que je n'ai jamais pu com-
prendre comment ils avaient pu prendre racine
dans un catholique de bonne foi. C'étaient précisément les maximes dont je parlais tout à
l'heure.

« Ce personnage soutenait [1] que, pour bien
gouverner, il faut avoir une législation athée, de
l'indifférence en matière de religion, et cette sin-
gulière tactique qui sait s'accommoder à toutes
les opinions, à tous les partis, à toutes les religions, et unir ensemble les dogmes immuables
de l'Église avec la liberté des cultes, des consciences. Nous étions d'accord sur plusieurs
points; sur ceux-ci, jamais.

« Cet homme, que faisait-il, en effet? Aujour-
d'hui, une chose; demain, une autre tout op-
posée. Un de ses amis, qui était protestant,
mourut à Rome; il suivit son convoi et assista
aux funérailles dans un temple protestant! On
fait certainement très-bien d'assister les protestants dans leurs nécessités, leurs maladies, et de
leur faire l'aumône, l'aumône de la vérité surtout, pour procurer leur conversion; mais c'est

---

[1] Un catholique, oser dire, bien plus, oser soutenir de pareilles choses devant le Pape!

chose excessivement blâmable que de participer à leurs cérémonies religieuses.

« Je persistais à dire que je ne pouvais me persuader comment on peut gouverner un État avec des lois athées ; comment de telles lois pouvaient être basées sur la justice tout en excluant l'idée de Dieu ; comment il était possible de trouver la rectitude et la vérité dans les fluctuations des partis opposés et du libertinage effréné qui en est la conséquence.

« Malgré tout, cet homme s'obstinait[1] à croire que c'était là la manière de gouverner sagement les peuples et de les conduire à la civilisation et au progrès.

« La pauvre France a pu voir où aboutissent ces belles maximes, Paris surtout au milieu des horreurs des *communards*, qui, par les meurtres et les incendies, se montrèrent semblables à des démons sortis de l'enfer !

« Mais non, ce ne sont pas seulement ceux-ci que je crains. Ce que je redoute davantage, c'est cette malheureuse politique chancelante qui s'éloigne de Dieu. C'est ce jeu... Comment l'appelez-vous, vous, en français ? Nous l'appelons, nous, *altalena* en italien. (*Bascule*, dit tout bas quelqu'un). C'est cela, oui ; ce jeu de bascule qui détruit la religion dans les États et renverse même les trônes. » (*Collection romaine des discours de*

---

[1] En vérité, c'est trop fort ! Mais l'entêtement est un des caractères saillants du parti catholique-libéral.

8

N. S. P. le Pape Pie ix, *publiée par les soins du*
R. P. Pasquale de Franciscis; tome I, page 133.
—·Paris, chez Haton, 33, rue Bonaparte.)

FIN.

TABLE DES MATIÈRES.

———

FIN DE LA TABLE.

A LA MÊME LIBRAIRIE

LE

DOGME DE L'INFAILLIBILITÉ

PAR Mᵍᴿ DE SÉGUR

1 vol. in-18, 1 fr. — *Franco*, 1 fr. 25 c.

Le présent opuscule était presque terminé lorsque les châtiments divins fondirent sur notre pauvre France. Mais, pour avoir été retardée de plus d'une année, cette publication n'est pas devenue inutile, ni même *inopportune*. Hélas! non; le feu des révoltes et des erreurs couve encore sous la cendre; et tout fait craindre que, battu sur le terrain désormais hérétique du *gallicanisme*, le parti de l'opposition au Saint-Siége n'ait le dessein, plus ou moins arrêté, de recommencer sa déplorable campagne sur le terrain bien plus brûlant encore du libéralisme. On se tait; mais y a-t-il entière soumission de l'esprit ?

Ce sont donc malheureusement des questions pleines d'actualité que nous avons à traiter ici. Nous le ferons, Dieu aidant, avec toute la franchise, toute l'énergie que donne la foi, et aussi avec tout le zèle qu'inspire une ardente charité, à la vue de tant de milliers d'âmes que menacent des préjugés mortels.

Que si je ravive par là des souvenirs amers, je suis le premier à le déplorer; mais il s'agit de préserver la foi de quantité de jeunes gens, de quantité de personnes pieuses, que pourraient éblouir encore deux ou trois noms devenus trop célèbres. Devant un bien si considérable, il importe peu, si je ne me trompe, de courir le risque de froisser quelques susceptibilités.

J'offre avec confiance ce petit travail, avant tout consciencieux, aux hommes intelligents qui ont le bonheur de mettre au-dessus de tout la foi et la vérité.

(Préface de l'auteur.)

138

LE PAPE

QUESTIONS A L'ORDRE DU JOUR

PAR Mᴳᴿ DE SÉGUR

In-18, 15 cent. — *Franco*, 25 centimes

Ce petit écrit est religieux est non politique;
je tiens à le constater. Il s'adresse au bon sens
public et à la bonne foi, et voilà pourquoi j'espère
que vous le goûterez, mon très-cher lecteur. Si
j'y parle du pouvoir temporel du pape, ce n'est
qu'au point de vue de la religion et de la conscience, que l'on voudrait vainement restreindre
aux choses invisibles

« Lisez ces courtes pages sans préjugés; la vérité parle plus que tous les sophismes. »

(Préface de l'auteur.)

LA· LIBERTÉ

PAR Mᴳᴿ DE SÉGUR

1 vol. in-18 de 316·pages. — Prix: 1 fr. — *Franco,* 1 fr. 35 c

A CEUX QUI SOUFFRENT

CONSOLATIONS

PAR Mᴳᴿ DE SÉGUR

1 beau vol. in-18 raisin, 75 c. — Par la poste, 1 fr.

Ce livre, d'une utilité permanente, est aujour
d'hui absolument nécessaire. En effet, après les
douloureux événements qui ont affligé depuis un
an tous les bons catholiques, après la guerre
contre l'étranger, après la guerre civile, quelle
famille n'a pas de deuil à déplorer, de blessés à
guérir, de plaies intérieures à panser, de ruines
de toute sorte à réparer! Une grande force morale est indispensable pour supporter d'aussi graves situations, et cette force morale, où peut-on
la puiser, où est-on assuré de la trouver, sinon
dans les bras de la Religion, dans l'amour de Jésus? Le livre de Mᴮʳ de Ségur a déjà produit beaucoup de bien; il en produira beaucoup encore;
c'est une vraie source de consolations. On ne saurait trop recommander la propagation d'un écrit
aussi utile, aussi complet, aussi bien exécuté que
bien conçu.

142

GROSSES VÉRITÉS

PAR MGR DE SÉGUR

Brochure in-18, 10 c. — Par la poste, 20 c.

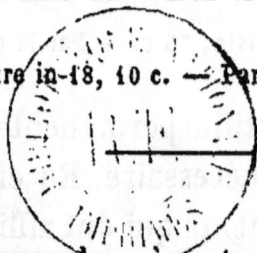

Le petit opuscule, où se trouvent au plus haut degré les qualités qui recommandent les ouvrages de propagande du piéux auteur, a obtenu le succès des *Réponses*. Cette brochure, d'un prix minime, sera bientôt entre toutes les mains.

I. S'il est bien sûr que nous ne sommes pas des bêtes. — II S'il est bien sûr qu'il y a un Dieu vivant, créateur de tout ce qui existe. — III. S'il est bien sûr qu'il y a une vraie religion, et que nous ne pouvons pas nous en passer. — IV. S'il est bien sûr que la religion chrétienne soit la vraie religion. — V. S'il est bien sûr que la religion chrétienne soit la seule vraie religion. — VI. S'il est bien sûr que Jésus-Christ soit Dieu fait homme. — VII. S'il est bien sûr que l'Église catholique est la seule vraie Église de Jésus-Christ. — VIII. S'il est bien sûr que nous ne pouvons pas nous tromper en écoutant le pape et les évêques, pasteurs de l'Église catholique. — IX. S'il est bien sûr qu'il ne suffit pas d'être honnête homme, mais qu'il est absolument nécessaire de pratiquer la religion.

143

DISCOURS
DE N. T. SAINT-PÈRE LE PAPE PIE IX

TRADUCTION FRANÇAISE AUTHENTIQUE

PUBLIÉE A ROME

par le R. P. D. Pasquale de Franciscis

PRÉCÉDÉE D'UN BEAU PORTRAIT DE SA SAINTETÉ

1 vol. in-8°, 5 fr. — franco, 6 fr.

Édition de luxe. 1 vol. in-8°, 6 fr. — *Franco*, 7 fr.

LA RÉVOLUTION
PAR Mgr DE SÉGUR

1 vol. in-18 raisin de 150 pages. Prix : 60 c. ; *Franco*, 80 c.

AUX JEUNES GENS. — I. La Révolution. Ce qu'elle n'est pas.
II. — Ce que c'est que la Révolution, et comment c'est une
question *religieuse*, non moins que politique et sociale. —
III. Que la Révolution est fille de l'incrédulité. — IV. Quel
est le véritable père de la Révolution, et quand elle est née.
— V. Quel est l'antirévolutionnaire par excellence. — VI. Entre l'Église et la Révolution, la conciliation est-elle possible ? — VII. Quelles sont les armes ordinaires de la Révolution. — VIII. Si la conspiration antichrétienne de la Révolution est une chimère. — IX. Comment la Révolution, pour
se faire accepter, se couvre des noms les plus sacrés. —
X. La presse et la Révolution. — XI. Les principes de 89. —
XII. Texte et discussion de ces principes au point de vue
religieux. — XIII. Séparation de l'Église et de l'État. —
XIV. La souveraineté du peuple ou la démocratie. — XV. La
République. — XVI. La loi. — XVII. La liberté. — XVIII.
L'égalité. — XIX. De quelques applications pratiques des
principes de 89. — XX. Les diverses espèces de révolu-
tionnaires. — XXI. Comment on devient révolutionnaire.
— XXII. Comment on cesse d'être révolutionnaire. — XXIII.
La réaction catholique. — XXIV. Faut-il lutter contre l'impossible ? — XXV. Une redoutable et très-possible solution
de la question révolutionnaire.

Typographie Firmin-Didot. — Mesnil (Eure).

OUVRAGES DE Mᵍʳ DE SÉGUR.

Prix des ouvrages expédiés FRANCO par la poste. — Remises sur les demandes par nombres.

* A ceux qui souffrent. Consolations. 1 vol. in-18 . . . 1 fr.
Au soldat en temps de guerre. Instructions familières. In-18 . . . 10 c.
Aux apprentis. Avis et conseils. In-18 . . . 30 c.
Je crois. 1 vol. in-18 . . . 55 c.
Le bon combat de la Foi. In-18 . . . 50 c.
Causeries sur le Protestantisme. 1 vol. in-18 . . . 70 c.
Le Concile. In-18 . . . 30 c.
La Confession. In-18 . . . 30 c.
* La Confirmation. 1 vol. in-18 . . . 55 c.
Le Cordon de saint François. In-18. Le cent . . . 1 fr. 75 c.
Le Denier de S.-Pierre. In-18. 10 c.
La Divinité de J.-C. In-18. 30 c.
Le Dogme de l'Infaillibilité. 1 vol. in-18 . . . 1 fr.
* L'École sans Dieu. In-18 . . . 25 c.
L'Église. In-18 . . . 30 c.
L'Enfant Jésus. In-18 . . . 15 c.
La Foi devant la science moderne. In-18 . . . 30 c.
La France aux pieds du Sacré-Cœur. In-18 . . . 10 c.
La Lampe du Saint-Sacrement. In-18 . . . 15 c.

Les Francs-Maçons. In-18 . . . 40 c.
Grosses vérités. In-18 . . . 15 c.
Instructions familières. In-12 . . . 2 vol.
* Jésus-Christ. 1 vol. in-18 . . . 6 fr.
La Liberté. 1 vol. in-18. 1 fr. . . . 70 c.
* Les Merveilles de Lourdes. 1 vol. 25 c.
La Religion enseignée aux petits enfants. In-18 . . . 1 fr. 25 c.
Mois de Marie. 1 vol. in-18. 1 fr.
Objections populaires contre l'Encyclique. In-18 . . . 25 c.
Le Pape. In-18 . . . 25 c.
Les Pâques. In-18 . . . 10 c.
La Passion de Notre-Seigneur Jésus-Christ. In-18 . . . 20 c.
Pèlerinage de Paray-le-Monial. In-18
La France aux pieds du sacré-cœur. In-18 . . . 10 c.
* Pie IX, et ses noces d'or. 50 c.
La Piété enseignée aux enfants. In-18 . . . 50 c.
La Piété et la vie intérieure. 1 vol. in-18 . . . 3 fr. 50 c.
— Notions. In-18 . . . 35 c.
— Le Renoncement. In-18 . . . 50 c.
La Grâce et l'amour de Jésus. 2 vol. in-18 . . . 9 fr. 50 c.
Le Chrétien vivant en Jésus. 1 vol. in-18 de 300 pages, 1 fr. 20 c.

— Nos Grandeurs en Jésus, 1re partie. 1 vol. in-18 . . . 1 fr. 50 c.
— 2e partie. 1 vol. in-18 . . . 1 fr. 50 c.
— 3e partie. 1 vol. in-18 . . . 1 fr. 50 c.
* La présence réelle. In-18 . . . 50 c.
Prêtres et Nobles. In-18 . . . 35 c.
Prie-Dieu. 1 beau vol. in-32 . . . 70 c.
* Réponses. 1 vol. in-18 . . . 70 c.
— Le même ouvrage, édition de bibliothèque. 1 vol. in-12 . 1 fr. 25 c.
La Révolution. 1 vol. in-18 . . . 70 c.
* Le Sacré-Cœur. 1 vol. in-18 . 1 fr.
La Sainte-Vierge. 1 vol. in-18 . 1 fr.
* Les Saints Mystères. In-18. 80 c.
* Le Souverain-Pontife. 1 vol. in-18 de 300 pages . . . 1 fr. 25 c.
Le Tiers-Ordre. In-18 . . . 30 c.
La très-sainte Communion. In-18 . . . 30 c.
Une petite sainte. In-18 . . . 40 c.
Vive le Roi. In-18 . . . 35 c.
Les Volontaires de la prière. In-18.
Y a-t-il un Dieu qui s'occupe de nous? In-18 . . . 15 c.

Les ouvrages marqués d'un * se vendent reliés élégamment en percaline avec titre doré.

Prix de la reliure : 30 centimes.

Typographie Firmin-Didot. — Mesnil (Eure).

www.ingramcontent.com/pod-product-compliance
Lightning Source LLC
Chambersburg PA
CBHW072110090426
42739CB00012B/2907